DE VIAJE EN MEXAMÉRICA

Crónicas y relatos de la frontera

MANUEL MURRIETA SALDÍVAR

Student Edition // Edición Escolar

DE VIAJE EN MEXAMÉRICA

Crónicas y relatos de la frontera

Student Edition // Edición Escolar

Lecturas y ejercicios en español para hispanohablantes en Estados Unidos

MANUEL MURRIETA SALDÍVAR

IZOTE
PRESS

Write to exist
Latino literature alive

990 W. Garvey Avenue #4
Monterey Park, California 91754
WWW.IZOTEPRESS.COM
Tel. 626-586-0049 / Cel. 602-625-3311
mescobar@izotepress.com

DE VIAJE EN MEXAMÉRICA. Student Edition // Edición Escolar
Crónicas y relatos de la frontera. Lecturas y ejercicios en español para hispanohablantes en Estados Unidos

AUTOR: **MANUEL MURRIETA SALDÍVAR**

Primera Edición/ First Edition, 2014

International Standard Book Number/
Número Internacional Normalizado para Libros:
ISBN: 978-0-9772853-6-5

© ® 2014 Copyright by Manuel Murrieta Saldívar
© ® 2014 Copyright by *IZOTE PRESS*

WWW.IZOTEPRESS.COM

Las opiniones expresadas y el estilo literario son responsabilidad exclusiva del autor. *Izote Press* aboga por la libre expresión y la creatividad, respetando la ideología y usos lingüísticos personales y regionales. *Izote Press* no necesariamente comparte la ideología o la interpretación, real o ficticia, que de los hechos haga el autor. *Derechos reservados*. Se prohibe la reproducción total o parcial, excepto para citas en reseñas, análisis literarios, de esta obra bajo ninguna forma o ningún medio electrónico, mecánico, de fotocopiado, grabación, impreso o cualquier otro, sin permiso escrito del autor y de *Izote Press*.

Concepto y diseño de portada y contraportada: A cargo del autor y de Hansen Wilder Lee Wannam Martínez. Todas las imágenes del archivo de *Izote Press, Editorial Orbiss Press, Culturadoor, Serviguate,* del autor e internet. El autor agradece la colaboración de la licenciada en letras hispanas Graciela Montero en la elaboración de cuestionarios y vocabularios

Para Erick, Tim, Orlando,
Roberto, José y Joaquín,
después de cada viaje, uno se volvía otro...

A Yolanda,
porque el amor es como viajar: siempre se regresa al punto de partida...

Lo importante, para el embellecimiento de la vida, es viajar...
Pauwels-Bergier.

Especial dedicatoria a mis estudiantes de la clase "Spanish for Native Speakers"
de California State University, Campus Stanislaus

ÍNDICE

PRESENTACIÓN VIII

CAPÍTULO I

PANORAMA DEL PUNTO DE PARTIDA
    Hermosillo, ciudad irremplazable 2
    El austriaco que no podrá olvidarnos 7

CAPÍTULO II

ENCUENTRO EXTRANJERO DESDE EL EPICENTRO
    Un clavel marchito sobre la acera 12
    Carlos Fuentes en la nación de Vespucio 18
    Paul McCartney por fuera 24
    De España a Aztlán o el gachupín achicanado 28
    Thank´s Virgencita, I´m free 33

CAPÍTULO III

VIAJEROS QUIZÁ SIN UN REGRESO
    ¡Oranges, peanuts, grapes and bananas, marchantito! 38
    Un viaje prodigioso con pasos de dos mundos 42
    La última carta desde Oregon 45
    Quedarse en Tucsón sin duda alguna 49
    ¡Trucha con los chivas! 53

CAPÍTULO IV

VISITANTES EN LA CULTURA DE LA CARNE ASADA
    Monsieur Fouere, embajador feminista 60
    Actuar en teatro es como hacer el amor 64
    Carlos Licón viaja estáticamente 69
    Día uno: Escritores norteños abandonan aulas y bohemias 74
    Día dos: La revolución que produjo telúricas lecturas 79
    Día tres: Carne asada para impulsar las letras 84

CAPÍTULO V

BREVE INCURSIÓN EN LA REGIÓN POLÍTICA

El candidato regresa en parabólica **90**
Cien años después, la protesta continúa **96**
El vacío revolucionario del desfile **101**
Cronología de un viaje electoral **106**

CAPÍTULO VI

VIAJES INTERNOS A VER QUÉ HAY

Acostarse sin tu compañía **112**
Ya muere durmiendo lentamente **116**
El Viaje retrospectivo de la secretaria **120**
Sentirse rico para ser feliz **125**
Era una fiesta en Kino **128**

CAPÍTULO VII

LA SEDUCCIÓN DEL VIDEOGAME Y OTROS VIAJES EXÓTICOS

El periodista: historia de un viaje cíclico **136**
La seducción del videogame **141**
The rock concert: travesía a la otra dimensión **146**
En rosas y en mastuerzos sueño **150**
Recorrido de un aguacero inesperado **155**

Sobre el autor **159**

PRESENTACIÓN

Una de las virtudes de esta obra es que los estudiantes de origen latino pueden identificarse de manera más directa y emotiva con su contenido porque refleja en mucho las experiencias, vivencias y emociones del migrante, o de los descendientes de primera y segunda generación, en Estados Unidos. ¿Qué se siente al abandonar ciudades, poblaciones y rancherías donde uno creció o lo hicieron nuestros padres? ¿Cómo era y es la vida diaria de mi lugar de origen o de nuestros antepasados? ¿Cuáles son las dificultades a las que se enfrenta un recién llegado, con o sin documentos, al interactuar con el difícil y desconocido mundo anglosajón, sus instituciones y costumbres? *De viaje en Mexamérica, edición escolar,* narra anécdotas respondiendo a estas preguntas o inicia la reflexión y la discusión sobre la nostalgia por el terruño, el apego al espacio familiar y el reforzamiento de la identidad— a diferencia de otros textos de lectura que expresan realidades muy lejanas a nuestra vida fronteriza y dentro de Norteamérica.

Además de esta temática, esta producción es atractiva porque está dirigida especialmente a alumnos nativo-hablantes y lo hace de manera sencilla, utilizando el estilo periodístico de la crónica cotidiana. No son lecturas complejas, ni ensayos con un lenguaje demasiado académico, sino al contrario, son relatos frescos, de aire juvenil, manejando al menos tres niveles del español: el profesional, el estándar y el coloquial—con sus variantes fronteriza, pochismos y spanglish. Esto es posible porque el autor, Dr. Manuel Murrieta Saldívar, no solo es un reconocido académico, sino que como cronista y migrante mexicano conoce la realidad de esta zona bicultural. Estos tres niveles del discurso, realzan el contenido realista de las crónicas y relatos, escaseando ese tipo de ficción excesiva que produce el escapismo en los lectores. Los escolares latinos, así, se ubican en su realidad social, en su referencialidad, para que tomen conciencia del entorno que habitan. De esta manera, se fomenta la discusión sobre las distintas situaciones humanas que se presentan en ambos lados de la frontera, es decir, en *Mexamérica*—contenido y discurso que hizo que este libro fuera galardonado en el género de crónica en Sonora, México, en su primera edición.

Igualmente, reforzando su carácter educativo y escolar, cada lectura es acompañada por una sección de **Vocabulario** con definiciones básicas de fácil entendimiento; incluye **Ejercicios Gramaticales** diseñados especialmente para el nativo hablante del castellano en Estados Unidos y, muy importante, contiene **Cuestionarios** en dos variantes: preguntas de **Comprensión** para asegurar la captación de la lectura; y preguntas de **Análisis** a fin de desarrollar el espíritu crítico-investigativo, el gusto por el debate literario y social. Los cuestionarios se pueden trabajar de manera individual, en parejas o en grupos, y son muy útiles no solo para la elaboración de reportes escritos, sino también para incentivar la participación oral dentro del aula, mejorando la pronunciación, y para ejercicios y exámenes orales.

Si la enseñanza de una lengua no debe limitarse a lo estrictamente gramatical, *De viaje en Mexamérica, edición escolar,* cumple con creces esta función pedagógica al agregar cultura bifronteriza y del latino en Estados Unidos en lecturas amenas, sencillas y de diversidad idiomática. Por ello, está comprobado—como se muestra más abajo—que esta obra despierta no solo el deseo de seguir dominando el español en quienes lo aprendieron con sus familias, sino además fomenta vocaciones y el interés por profundizar en los estudios culturales, literarios y lingüísticos de nuestro idioma en USA— estudios muy necesarios para las nuevas generaciones al ser ya este país el segundo de habla hispana en el mundo después de México. Así lo confirma, pues, una alumna que utilizó este texto en cursos previos: *Hoy más que nunca valoro el español gracias a este libro, donde se escriben historias verdaderas de una manera elegante y literaria. Gracias por dejarme conocer más de mi origen cultural a través de sus relatos e historias…*¡Qué lo disfruten!

Mario Ángel Escobar
Profesor titular adjunto
de la Facultad de Lenguas Extranjeras
Los Ángeles Mission College
Izote Press Publisher,
Los Ángeles, California.

CAPÍTULO I
PANORAMA DEL PUNTO DE PARTIDA

HERMOSILLO, CIUDAD IRREMPLAZABLE

Nada se sobrepone a tu presencia. Ninguna otra ciudad ha podido desplazarte porque lo vivido me hace retenerte. Es que eres parte de mis manías y apegos, te invoco y apareces entre mis sueños de nómada insaciable. Y no es solamente por tu escasez de nubes, por tu candente actividad humana en pleno bulevar o mitin de protesta, por tus intentos de hacer cultura entre coros universitarios y música norteña. También, por supuesto, por tus tacos después de la presentación de un libro de dudosa venta. Estás en mis delirios porque también me chocas, me molestas, es un enojo no poder sustituirte y, de repente, descubrirte en mis pulmones, en mi vientre y esqueleto. No poder alejarme sin ti a otras estratósferas es mi ira y ahora te acuso y te lo cuento...

Quiero desalojarte viajando a las montañas: Yécora y Aribabi son villas casi vírgenes que cautivan por su nieve silvestre, sus escaleras de piedra y esos pinares que caen ante el avance de nuevas carreteras. Pero tú, Hermosillo, ¡oh ciudad!, me jalas, me absorbes a tu polvoso amanecer, haces que vuelva a reflejarme en tu viento de sol, en las charcas lodozas después de cada lluvia desesperada. Entonces te conviertes en ciudad definitiva y quiere comprenderte esta curiosidad que no me cesa...

Luego hago pequeños sondeos, incursiones hacia otras poblaciones que giran en ti como satélites. Las ciudades de la frontera son como de paso, me espanta alejarme de ti un par de días solo para ir de compras, ver ahí la mezcla de iden-

VOCABULARIO

1. **Mitin** — reunión
2. **Sondeos** — exploraciones, investigaciones
3. **Ejidales** — pertenecientes al campo
4. **Noria** — pozo de agua
5. **Reguero** — chorro, arroyo pequeño
6. **Afianzar** — fortalecer, asegurar
7. **Solaz** — placer, diversión
8. **Caguamas** — cervezas grandes, tortugas marinas
9. **Remedos** — imitaciones, copias
10. **Subyuga** — domina, cautiva
11. **Centrífuga** — que se aleja del centro
12. **Campirana** — entendida en las labores del campo
13. **Anímico** — espiritual, emocional, interior
14. **Boleros** — limpiabotas
15. **Irremplazable** — no existe otra igual, no se puede substituir

Manuel Murrieta Saldívar

tidades atrapadas en el deslumbramiento del poder adquisitivo. Hacia el sur todo es olor a tierra agrícola, es visitar las raíces del ejido o disfrutar la cosecha del verano; ni el encuentro con primos, tías y demás parentela es suficiente para dejar tu pavimento, Hermosillo, ese que construye tu creciente cosmopolitismo.

Confiado después me aviento a la aventura en serio. Y creo a veces que llega ya la hora de eliminarte, decidido a aniquilarte, extraerte de la noria del recuerdo. Porque no voy a permitirte que me conviertas en otro de tus árboles, ceiba o naranjo, déjame crecer, ya estoy dispuesto a sacarme todo ese reguero de soles quemantes. También esas escapadas que me ofreces, tus miradores nocturnos, tus diversiones periféricas, tus menudos y pozoles de madrugada.

Y así, me atrae lo de afuera, por ejemplo el magnetismo de México, D.F. Pero es tan fugaz que bastan unas cuantas visitas a un museo, a un palacio, a una universidad— o cualquier otro recinto de centralización— para eliminar un excesivo sacrificio y evitar alejarme de ti, Hermosillo, para siempre. Entonces descubro pasmado e impotente que es verdad, tienes razón, ofreces ya mucho para la madurez: tus distancias cortas, la polvareda de la Costa de Hermosillo, la facilidad de vida y movimiento. Y claro, por supuesto, tu excesiva socialización, tus manos saludándome en la esquina, los brazos de los cactus que me dan la bienvenida antes y después del viaje. ¡Tantas cosas por afianzar!... No cabe duda, me has tendido ya tu red definitiva.

Condenada ciudad triunfante, haces que comprenda la dificultad de diluirte y me quede en el solaz de la comodidad, en la paz de tus andares. Entonces realmente soy feliz, tanto, que la felicidad a veces no se nota porque se convierte en costumbre: revisitar las aulas de la escuela, vacilar con las morenas y güeritas, escalar tu cerro céntrico, hacer del baño en tus arroyos secos. O simplemente echar una

Manuel Murrieta Saldívar

DE VIAJE EN MEXAMÉRICA

inútil caminata al centro comercial no'más para el olor a gente, madrugar por el periódico y el café, acudir a una marcha de protesta como testigo ilusionado a la espera de un cambio que parece no llegar. Y luego hacer una brevísima escala en cualquier sombra, tomar un respiro y acabar con unas tremendas "caguamas" en la cantina estudiantil.

Muy campante, pues, te proteges todavía con la seguridad que te da un abuelo al alcance de la mano, el remedio indudable de la madre, ciudad chiquita, precoz adolescente que ambicionas tener periódicos como en el Distrito Federal, hoteles y discotecas estilo Nueva York, tableros electrónicos y grandes tiendas al igual que Tucsón, Arizona. Ah, y también intelectuales o cantantes que aparezcan en red nacional… y así te crees tan auténtica con tus imitaciones que mejor vuelvo a enojarme y pienso ahora, ya de una vez, irme a las fuentes originales.

Y me voy, titubeante, aunque sabiendo qué hacer, a la ilusión del norte. Los Ángeles, Chicago o Washington *are okay but* son tan distantes y distintas que me haces cruzarlas tan rápido como en un tour de agencia de viajes. Es más desesperante cuando te digo que haré una larga estancia de estudios, o de "negocios" quizá, porque no sé cuándo ocurrirá el regreso. Entonces creo poder olvidarte, hago como que me subyuga una rubia extranjera, que mi realización está en esa inmensa universidad norteamericana, el paraíso son esos coches y el olor a dólar, ¡el dolor!, que creen alejarme de ti. Pero todo esto es inofensivo, lo sabes bien porque, ayudado ahora por la tecnología, cada vez más estoy cerca a tu ventana y acá y allá te tengo sin tenerte…siempre estoy expuesto a tu fuerza centrífuga.

Así, a cada regreso, Hermosillo, te presentas reveladora: es un escalofrío infantil recordar el "juego de las encantadas", un placer estético participar en tus efímeros proyectos culturales, criticar de vez en cuando a los que gobiernan y monopolizan, tenerte como ombligo del mundo. Eres mi campirana moderna, a donde llego echo las ambiciones al olvido porque lejos de ti no vale la pena realizarlas. Comprendo que un enojo surge por no aceptar el destino, irremediable o indeseado, de quedar-

Manuel Murrieta Saldívar

me por siempre en tus calientes calles. Y entonces ya nada intento…

Estás tan en mí como un respiro que vuela entre mi cuerpo material y anímico. A donde voy te traigo en mis rodillas, los rascacielos los sustituyo por tus plazas y árboles "yucatecos". En otras partes solo veo la soledad de la urbe computarizada y por eso prefiero a los "boleros", payasitos y limpiavidrios que sobreviven en tus risueños embotellamientos de tráfico. Tu imagen siempre está antes que mi mirada, como un lente de contacto. Eres el punto de referencia, la relatividad, lo mido todo desde tu perspectiva, eres el motivo del viaje y la razón de mi regreso. Un modelo a imitar pero también de criticar, por eso te defiendo afuera aunque no te des cuenta, eres ejemplo del caos y el relajo: facilidad de la amistad y única fuente de diversión cuando me das la bienvenida. Soy tuyo, pues, entregándote mi trabajo, ahorro mis energías para verterla en tus arterias, y así, aunque no quiera, me chupas, clásico ejemplo del *como México no hay dos*. Eres finalmente lo que odio y amo porque en mis vuelos y avanzadas te carcajeas, te burlas tan campante, tan prepotente, segura de que vendré siempre a tu cobijo… ciudad inocente que estremeces como la vida. Un instante contigo es más regocijante que un largo recorrido de la curiosidad por el resto del mundo de donde regreso siempre para contarte todo…

EJERCICIO:

DIPTONGOS Y HIATOS
Por favor, asegúrate comprender qué es un diptongo y qué es un hiato. Localiza en esta lectura dos diptongos formados con vocal fuerte junto con vocal débil. Y ahora, ¿cuántos diptongos formados con vocales débiles puedes encontrar? Por último, ¡subraya al menos tres hiatos!

_____   _____

Manuel Murrieta Saldívar

CUESTIONARIO

COMPRENSIÓN. Contesta las siguientes preguntas en oraciones completas:
1. ¿Cuáles son algunas cosas que hacen a esta ciudad "irremplazable"?

2. ¿De qué manera trata el autor de desalojar la ciudad? Describe con detalles.

3. ¿Qué es lo que jala de regreso al autor a esa ciudad?

4. Menciona lo que descubre el autor sobre lo que ya ofrece mucho la ciudad.

5. Describe en una lista las cosas sencillas que hacen notar la felicidad del autor por su ciudad.

ANÁLISIS. En parejas, respondan a las siguientes preguntas:
1. ¿Cómo se compara la ciudad con las ciudades norteamericanas?

2. ¿Qué le causa enojo al autor sobre esa ciudad?
   que no lo puedo olvidar   Hermosillo, frontera, recuerda

3. Al final, ¿Cómo reconoce el autor que su ciudad es irremplazable?

4. En tu opinión, ¿Existe de verdad una ciudad irremplazable? ¿Por qué?
   Siempre alguin va tener una ciudad en que cres.

5. Menciona una ciudad irremplazable para ti y describe tus razones.
   Stockton (Tepa)

   Añorar — desciar (dream)

   mínimo de 500 palabras

EL AUSTRIACO QUE NO PODRÁ OLVIDARNOS

Por el mundo deambulan vagabundos. Piden "aventones" en la lluvia de autos de la infinita autopista. Con sencillos equipajes, devoran países sin importar fronteras ni culturas. En verano, es común mirar en los vagones del ferrocarril a gringos suspirando por las ruinas de Palenque o el alucine de hongos de Oaxaca. Otras generaciones manejan exagerados "campers" para mirar la muerte del sol en las playas del Mar de Cortés. Cierta gente tiene el vicio de viajar. Parece que buscan algo perdido que no saben qué es porque jamás lo encuentran y entonces continúan viajando.

Yo mismo, alguna vez, tomé la mochila para mirar de cerca la orquestal caída del ruido en las cascadas de Niágara. Pero existen los que prefieren a las guías de turistas, se dejan arrastrar por la velocidad de un "tour", absorben lo añejo de Europa en 48 horas y las recuerdan durante siglos. La lejanía susurra hacia lo desconocido. Los trabajadores de pueblos y ciudades mexicanas, centroamericanas, dejan su corazón con la familia y parten a "la aventura" del país del norte, "por la money y a ver qué sale". Es que el amor al viaje descontrola. Orlando Quintero, mi amigo agrónomo, se fue a un pueblo olvidado, de nombre Mesa del Campanero, ahí arribita, en Sonora. Dicen que solo existe para las compañías madederas, pero él va a ayudar a José, a Juan y a Pancho a preparar la siembra y a demostrarles, con hechos, que la luz solar produce electricidad para encender un foco. Orlando ahí tranquilizará su espíritu viajero.

Y es que el ser humano es de naturaleza nómada, es un ave de la tierra y para los caminantes las fronteras no existen, no han dejado virgen casi ningún centímetro del mundo. Los viajeros se encuentran por todas partes cuando menos se espera, tienen un rostro que los identifica. Mucho de ello es Johann Hager. Nació en Graz, Austria para recordar por siempre a

VOCABULARIO

1. **Austriaco** — de Austria o relativo a este país
2. **Deambulan** — vagan, caminan sin dirección
3. **Añejo** — antiguo, viejo
4. **Agrónomo** — agricultor, cultivador
5. **Ajetreada** — ocupada, agitada
6. **Docto** — instruido, sabio
7. **Dialécticas** — pensamiento filosófico, maneras razonables de expresarse
8. **Pringa** — un poco, algo pequeño
9. **Austeridad** — gravedad, seriedad
10. **Cunden** — extienden, expanden

Manuel Murrieta Saldívar

los hermosillenses, a los mexicanos. Precavidamente dominó el español que lo habla con su indiscutible acento germano. Lo vi por primera vez durante otra ajetreada noche de redacción en el periódico donde laboro, aquí vino casi por su iniciativa para que le escribiera sus respuestas, le tomaran unas fotos para llevárselas de recuerdo hacia su tierra de Alpes. Su curiosidad despertó a la mía. Esa ocasión pareció un hombre tan formal que no merecía preguntas informales. A la siguiente mañana, sucedió lo contrario: manifestó tal informalidad que formalmente no encontré el hilo conductor a la forzada entrevista que le tuve que hacer... me vi obligado entonces a escribir esta especie de crónica espontánea, era inevitable.

Al principio no sabía quién ni qué era. No encontraba tema para las preguntas y, lo pensé pero no se lo dije: "¿De qué quieres que te entreviste?". Luego supe que no es docto en ninguna ciencia ni maneja dialécticas, sociologías o economías a la perfección. Conoce un poco de ingeniería industrial porque la estudia en Austria pero no es la gran cosa. Entonces de qué le cuestiono, me mortificaba un poco. Dejé de hacerlo, abandoné pluma y libreta para dejarme invadir por su curiosidad y convertirme en su amigo al escuchar su aventura. Sus azules ojos hervían de observar mientras pensaba que a Hager le urgía aparecer en el periódico para satisfacer su ego allá con sus paisanos. Sin pringa de nostalgia, comenzó a describir la frialdad casi general de la vida en Europa donde, incluso con sus avances tecnológicos, las personas no sonríen tan seguido como, a pesar de todo, aquí. "Yo no sé que tiene esta ciudad", estuvo por decirme, "que me interesa toda": sus calles, lugares, la gente y sus eternos problemas sociales que le preocuparon demasiado. Claro, coincidió también en lo que coinciden todos los extranjeros, que la hospitalidad mexicana, que somos amistosos en exceso y de la sencillez de la vida.

Este austriaco permaneció en la ciudad más de tres meses, tiempo suficiente para caer "locamente enamorado" como en las historias románticas. Es del tipo de turistas que aprovechan las oportunidades para viajar lo más lejos posible. Explicó que para dejar su patria llenó una solicitud, soportó una helada selección por computadora y salió elegido de entre otros aspirantes. Lo trajo una organización internacional de estudiantes que no le ha de interesar demasiado porque muchos de los miembros "estudian por un título para ganar dinero pero no estudian para obtener conocimiento", confesó tranquilamente. Su interés por ese grupo fue solo para vagabundear, concluí. Y siguió hablando de las lindezas de Hermosillo. De la facilidad para entablar amistad y conversación, que hay más calidad en la vida espiritual, gente muy saludadora, muy pronto te ofrecen su casa, invitaciones a comer, paseos y con suerte hasta bailar. El hombre se vio feliz...

También estuvo así cuando platicamos de las diferencias sociales; en estos temas su felicidad se originó porque estaba conociendo lo que casi nadie le había revelado. Para ilustrarlo, lo invité a visitar las colonias marginadas cerca del basurero municipal para que descubriera las diferencias. Este viajero se enteró demasiado: preguntó por qué persiste la huelga de los trabajadores de la "uni", o sea la Universidad de Sonora; las causas del paro laboral en las minas de Cananea; de los altos índices de analfabetismo, las "invasiones" urbanas en los lotes de la periferia; de los "enfadosos" anuncios comerciales de la radio "que me agujeran los oídos". Vaya, hasta debatió sobre "la austeridad económica" para pagar la deuda externa nacional. Pero de su ingeniería industrial no habló casi nada y sospecho que no le interesaba hacerlo. Medio en serio, ante su interés por todo lo nuestro, le pregunté si era espía de la Central de Inteligencia de Estados Unidos, la temible CIA: ¡sonrió como insultado!

En lo que sí estoy seguro es que Johann en sus trotes se metió por todas partes para aprovechar su estancia; no descarto entonces la posibilidad de que se haya enamorado de alguna chica sonorense. Su emoción por la vida de aquí me obligó a preguntarle cuál sería su reacción a su regreso a Austria y lentamente escuché algo así como al llegar a su país "estará nevado, casi nadie sale a las calles y solo me recibirá una soledad enorme". La sospecha de un enamoramiento se despejó a la media hora de la plática cuando arribó a la mesa del restaurante donde ahora estábamos una muchacha hermosillense: se besaron. Después sentí que interrumpía y me retiré con su dirección anotada en la libreta.

Nunca pensé volverlo a ver pero los viajeros cunden como la buena hierba. Lo miré otra vez en la tarde pero él no me vio. Quién sabe qué andarían haciendo los dos caminando sonrientes por el bulevar principal.

En la noche de redacción, el reportero gráfico me dio una foto del austriaco en su mejor pose formal: había ido de nuevo al periódico especialmente para la toma. Al siguiente día, lo vi buscando el diario de la fecha porque quería ver su cara retratada y lo que le escribí. Su actitud la considero un poco natural: a su país quiere llevarse la entrevista a la que jamás encontraré el tema central. Sin embargo, algo me hace suponer que la realización de este escrito fue originado por ese rostro de viajero que siempre a donde van encuentran algo nuevo. Aquí, aparte de su amor, el austriaco partió con la creencia de que todavía es muy posible que la gente se quiera, así lo confesó tras gozar de la amistad que miró en las caras morenas de los hermosillenses que los lleva en su recuerdo para siempre...

EJERCICIO:

DIVISIÓN SILÁBICA. AGUDAS, GRAVES, ESDRÚJULAS
Escoge seis palabras de esta lectura y divídelas en sílabas. Ahora circula la sílaba tónica. ¿Qué tipo de palabra es: aguda, grave o esdrújula?

_____   _____   _____

_____   _____   _____

Manuel Murrieta Saldívar

CUESTIONARIO

COMPRENSIÓN. Contesta las siguientes preguntas en oraciones completas:

1. *¿Qué es lo que hacen los vagabundos o viajeros por el mundo? Usa los ejemplos del comienzo del relato.*

2. *¿Quién es Johann Hager?*

3. *¿A dónde viajó el austriaco y cuánto tiempo estuvo allí? ¿Cómo llegó a esa ciudad?*

4. *¿Qué dijo sobre la reacción de su regreso a su país?*

ANÁLISIS. En parejas, respondan a las siguientes preguntas:

1. *¿Por qué crees que el autor no podía encontrar un tema para las preguntas de la entrevista al austriaco?*

2. *¿Qué era lo que le interesaba de esa ciudad a Hager y qué encontró en ella que lo hizo feliz?*

3. *¿Por qué crees que la crónica se titula "El austriaco que no podrá olvidarnos"?*

4. *En tu opinión, ¿Cuál crees que sea el mensaje principal de esta historia?*

CAPÍTULO II
ENCUENTRO EXTRANJERO DESDE EL EPICENTRO

DE VIAJE EN MEXAMÉRICA

UN CLAVEL MARCHITO SOBRE LA ACERA

I

Accidentalmente nos miramos entre la multitud de turistas. Luego de virar solitariamente en la esquina del callejón de las tiendas de arte, tocó mi hombro una mano desconocida. Al instante se descubrió que pertenecía a un osado y confiado rostro femenino que insinuó, con una extraña mezcla lingüística, una invitación al café más próximo: acepté con nerviosismo. A la vez que nos dirigíamos al puesto, olvidé velozmente a mis amigos quienes se perdían también entre el embrujo anglo-francés de las excitantes callejuelas del sector antiguo de Quebec, Canadá.

Habíamos arribado a la ciudad dos días antes como parte de un largo viaje de verano iniciado mes y medio atrás en Hermosillo, Sonora. Nuestro itinerario, a diferencia de un tour de agencia de viajes, se formaba espontáneamente, bajo el capricho del tiempo y de las circunstancias humanas, casi desde que cruzamos la línea en Tucsón, Arizona. Atravesar la frontera no representó problema alguno ya que, a pesar de nuestra rebeldía, traíamos visas, la mica fronteriza, los papeles en regla. Incrédulos ahora, no concebíamos cómo es que estábamos ya en Quebec, explotando la cortesía de la "migra" canadiense que nos permitió pasar sin pasaporte internacional, a bordo de una camioneta Mercury '69 sin mofle pero con dirección hidráulica. Y nos encontrábamos nerviosos porque el mapa señalaba que estábamos más cerca del Polo Norte que del desértico terruño sonorense.

Era ya el tercer día de estancia y solo nos quedaba la tarde para beberla cada uno de nosotros en su propia soledad. De tanto vernos las caras y soportamos durante la larga travesía, de varios meses ya desde que dejamos México, nos fuimos conociendo demasiado que en realidad estábamos hartos de nosotros mismos. Resolvimos en esta ocasión separarnos por instantes como un experimento de independencia y salud psicológica, pero también porque la aventura demandaba una oportunidad a fin de lanzarnos individualmente hacia lo desconocido.

Manuel Murrieta Saldívar

Yo decidí entonces transitar con toda mi libertad a cuestas, consumiendo museos sin prisas, respirando verdades urbanas extranjeras, listo para que el azar materializara el encuentro con esa joven "canadian french". Así, de repente, ya bebíamos café capuchino en el interior de un viejo restaurante de rústica madera situado en la calle de mayor "glamour". Acordamos comunicarnos forzosamente en inglés porque ninguna de nuestras lenguas romances, español o francés, era sanamente entendida por ambos. Mexicano al fin, pero a la vez por ese temor que surge de la precaución, le hice la pregunta obligada de por qué había mirado a este ser moreno. Aún más, por qué había llegado al extremo de invitarme, siendo yo una persona completamente desconocida, de escasa cotización dentro de esa atmósfera quebequeña plagada de turistas del primer mundo.

Pareció no importarle mi duda. Bosquejando un intento de respuesta, con voz nostálgica dijo tranquilamente que lo había hecho porque al divisarla, había mirado yo —en su primera muestra de un romanticismo que después se supo era inexistente— exclusivamente lo verde de sus ojos. "Y no a mis formas femeninas como lo hacen casi todos los hombres", explicó más tarde con un dejo feminista. Argumentó también que le atrajo el bronce de mi tez la cual, intempestivamente, resaltaba entre el blanco panorama humano, anglosajón y europeo, y porque mis facciones le recordaron, apareciendo yo aún más exótico, a los habitantes de la India.

Y es que en ese país ella había pasado una temporada hasta cierto punto feliz, como rememoró más tarde.

La conversación evolucionaba tratando esos temas que se abordan cuando se están conociendo dos personas. A pesar de ello, descubría de seguido que mi nerviosismo inicial del encuentro no descendía. Por momentos, creí que la joven sorpresivamente iba a intentar un asalto con arma blanca o a utilizarme para algún negocio "sucio". Este temor no era gratuito, por supuesto. Había brotado gracias a las recomendaciones de honestos aventureros que cuentan historias peligrosas de viajeros ingenuos, víctimas de extorsiones de los residentes locales quienes creen que cualquier turista anda siempre cargado de dólares. Sin embargo, mis miedos se fueron desvaneciendo cuando observé el movimiento de sus manos que inspiraban confianza y sus ojos verdes que denotaban una entusiasta curiosidad. Además, si acaso ocurriera un robo, se llevaría una enorme decepción porque mis bolsillos estaban tan vacíos de la divisa norteamericana como a veces lo están los bancos mexicanos. Me apoyé, es decir, confié en la suerte buena de aquella tarde nublada que había provocado la conjunción de casualidades para la coincidencia de miradas. Me atreví entonces a seguirla observando sin prejuicios y a escuchar su charla trabajosamente entendida por mi inexperto inglés.

Frente a su rostro firme y larga cabellera dorada, recordé fugazmente el comentario de mi hermano Joaquín quien, días antes y al cruzar la frontera entre el ruido hidráulico de las cascadas del Niágara, había comentado la remota posibilidad de que se produjera un excitante encuentro, físico y verbal, con jóvenes canadienses. Porque en el fondo, siquiera brevemente, queríamos empaparnos de su visión del mundo y experimentar el misterio del acercamiento real con otras razas e idiomas. Y es que, hastiada nuestra curiosidad con los norteamericanos, tanto por su orden como por su vacía diversión, los canadienses nos tenían sorprendidos: además de la novedad de su herencia francesa, los veíamos muy seguros de sí, pidiendo "aventones" o viajando en bicicletas sobre las largas y húmedas autopistas cercanas al río San Lorenzo. Además, los chicos traían un pelo largo inolvidable y las chicas vestían faldas largas o shorts muy liberales. Viajaban en parvadas, en grupos o solitarios, unos totalmente abandonados, de todos los sexos, cargando sus mochilas y desafiando al mundo en la intemperie de los días veraniegos.

Comprendí, pues, que el sueño del hermano se estaba realizando frente a la muchacha con la que yo estaba en el café: entonces sentí todas las ganas de hablarle a Joaquín, salir apresurado e invitarle, ponerlo frente a ella, compartir junto con los otros compañeros de viaje ese privilegio de toparse con alguien que se desconoce pero que de inmediato interesa y te reanima la vida. Pero era imposible. Cada uno de nosotros, y por separado, estaba enfrascado en su propia aventura, esparcidos entre las plazas, los muros fortificados, los edificios coloniales franceses con sus techos de verde cobre oxidado, rascándole a cómo se pudiera, absorbiendo y explorando la ciudad y la gente. Se tenía la certeza de que sucedía algo irrepetible en nosotros, jóvenes mexicanos, sonorenses, inundados y rodeados de novedad como si todo alrededor fuera un verdadero y gran museo inabarcable.

II

Ella se llamaba Linda. Se supo cuando desaparecieron las formalidades e inseguridades más obstaculizantes de ambos. Después fue el abrirse, priorizar la confianza urgentemente, saber que pronto todo sería olvido, proponer tenuemente nuestras curiosidades entre la muerte del día, de la noche y de las horas. Primero me confesó que nunca había estudiado en la escuela pero que conocía ya toda Europa y parte del Oriente en menos de sus 21 años de edad. Luego me reveló que tenía una especial debilidad por las faldas negras, largas como las de gitana mientras notaba que sus movimientos eran rápidos, hiperactivos. Me fue diciendo que no le gustaban las flores, especialmente los claveles y que el hachís y la cocaína eran sus dependencias favoritas. Yo me sentí completamente estúpido cuando le pregunté por qué las consumía y contestó, en una respuesta que no se sabrá si fue cierta, que así soportaba más de una docena de horas diarias de trabajo conduciendo un carruaje turístico jalado por caballos.

En realidad, después la vería absorbiendo el pequeño polvo blanco, durante el arreo, entre las pausas de su discurso sobre la historia de Quebec que repetía, obligadamente en forma cortés, a los clientes de su carroza, sobre todo a los gringos e ingleses que son los que dan más propinas. Casi imperceptiblemente se disgustó cuando me negué a probar ambas drogas, pero luego sonrió y creo me clasificó como "niño bueno". "Es mejor así—dijo en forma de consuelo—no lo hagas tú. Yo lo hago por necesidad y además es caro", terminó convenciéndose. De su familia, en un arranque de crítica social, manejó el argumento de que había abandonado a sus padres porque no la comprendían y porque viven como los norteamericanos, "viajando en sus enormes campers, muy cómodamente, despreocupados". Era una costumbre de abundan-

VOCABULARIO

1. **Acera** — banqueta, orilla de la calle
2. **Virar** — girar, voltear
3. **Callejuelas** — callejones, calles angostas
4. **Itinerario** — trayecto, camino, actividades
5. **Terruño** — pueblo, tierra natal
6. **Rústica** — rural, pueblerina
7. **Bosquejando** — proyectando, planeando sin exactitud
8. **Tez** — piel
9. **Intempestivamente** — imprevistamente, inesperadamente
10. **Hastiada** — cansada, aburrida
11. **Intemperie** — exterior, al aire libre
12. **Desfachatez** — descaro, desvergüenza
13. **Jactarse** — alabarse, presumir
14. **Estrambóticas** — extravagantes, extrañas
15. **Lúgubre** — tétrico, triste, melancólico

---

cia que le molestaba porque —contrapuso— en la India y en Nepal había visto a muchos nativos desnutridos, desahuciados quienes, en el proceso de su extinción, convivían junto a la mugre y los gusanos rodeándoles los pies, lo que para ella "era el colmo". En tanto —continuaba— en el país de los "trailers parks" se consumían enormes cantidades de energía eléctrica tan solo para los elevadores o para la fabricación de bombas.

Sin ningún dejo de vergüenza, insistió que no era estudiante —lo que para nosotros era nuestro único oficio. Es más, ni siquiera le interesaba la escuela porque al inicio de cada temporada de nieve, y con lo ahorrado durante el verano, abandona la ciudad rumbo al país que se le antoje. Claro, teniendo cuidado de que sea una región de clima caliente, cálido, "así como la gente, porque es cuando aprendo". Luego narró parte de su filantropía gestada en esos viajes: cada mes suele comprar ropa de segunda para enviarla a sus "familiares" hindúes y nepaleses como un gesto de retribución solidario. "Cuando caí enferma, ellos fueron los únicos que me ayudaron a pesar de su pobreza. Fue cuando aprendí que los más pobres son los que más ayudan", concluyó en tono triunfante, lo que entendí era una manera de jactarse de su sapiencia a pesar de haber prescindido de las aulas. Luego aclaró mi sospecha inicial sobre su frialdad al hablar sobre los sentimientos del corazón: tajantemente aceptó que desde hacía tiempo había perdido lo romántico. "Ya casi no me gustan las flores", reveló rápidamente mientras afuera se miraba el humo, el óxido, el avanzar moderno e industrial de la ciudad. Agregó que para preservar su difícil independencia, vivía junto con un joven matrimonio en un céntrico departamento hacia donde nos dirigimos, lograda ya la confianza suficiente, entre risas y frescos vientos mientras nacía la noche mercurial.

III

Después los sucesos cayeron precipitados...Sobre la mesa del comedor no supe cómo aparecieron el vino tinto, el pan integral y el queso parmesano. Intercambiamos miradas y sonrisas de manera más frecuente. Encendió el estéreo con música del suave rock inglés. Comíamos y bebíamos en un ambiente cálido que se tornaba íntimo aunque después fue suspendido, fue pospuesto, por el arribo del matrimonio joven. Tras saludarme con leve indiferen-

Manuel Murrieta Saldívar

cia apenas perceptible encendieron el televisor: concluí que los niveles de nuestra politización eran similares porque, sin mucho esfuerzo, coincidimos, a pesar del noticiero en francés, en repudiar la política armamentista de presidentes como Ronald Reagan. Luego fue un ir separándonos de ellos, definir nuestros espacios, reservarnos, encontrar nuestra privacidad hasta que se le ocurrió a ella una deslumbrante idea…

En taxi fuimos a buscar a mi hermano y amigos a la plaza central, lugar donde habíamos acordado reencontrarnos una vez agotados nuestros respectivos recorridos individuales. Fue una labor difícil de convencimiento, porque trastocaba el curso de nuestro viaje, pero les dijimos lo que Linda y yo, como si ya fuéramos viejos conocidos, habíamos acordado previamente: esa noche los dos iríamos a bailar en las estrambóticas discotecas de Quebec. Y ellos podrían hacer lo que les viniera en gana. En efecto, tras decidir que me iban a dejar abandonado a mi suerte y que luego los alcanzara en algún lugar del noreste estadunidense, enfilaron en la camioneta Mercury sin rumbo fijo. En ese momento capté yo una soledad, leve pero infinita, que se iba vaporizando cuando miraba y tocaba la mano de la muchacha quebequeña lista también para la noche. Casi no bailamos en verdad porque me absorbía el atractivo bullente, ensoñador, lúgubre y libertino de las calles de diversión de la Quebec nocturna. Pero luego quiso amarme, quisimos amarnos…

IV

Y durante una tarde de neblina y smog que parecía más bien la luz caótica del amanecer, casualmente apareció el mensaje que aceleró mi retiro y la separación: recogí un clavel marchito sobre la acera y mientras se lo ofrecía se humedecieron sus ojos, le vi sus lágrimas. Estaba completamente seguro que no era a causa del humo urbano. Quizá había sido porque se sintió romántica por un instante o porque ya presentíamos la inminencia inevitable del olvido. En un abrir y cerrar de imágenes, de frescos recuerdos, de sensaciones, en un fugaz toque de manos, nos despedimos con la misma mirada del inicio… se subió a su carruaje turístico, me dio un rapidísimo beso, me enseñó con su cara el camino a seguir y nunca, nunca por siempre jamás supe de ella otra vez…

EJERCICIO:

ARTÍCULOS DEFINIDOS

Subraya en la lectura dos artículos definidos masculinos. Luego escríbelos aquí junto con la palabra que lo acompaña (sustantivo) e indica si son singulares o plurales.

_____   _____

EJERCICIO:

ARTÍCULOS INDEFINIDOS.

Ahora subraya dos artículos indefinidos. Escríbelos aquí junto con la palabra que lo acompaña (sustantivo) e indica si son masculinos o femeninos, singulares o plurales.

_____   _____

CUESTIONARIO

COMPRENSIÓN. Contesta las siguientes preguntas en oraciones completas:

1. ¿Cómo y dónde conoció el autor a la mujer?

2. ¿Qué hacían en ese lugar el grupo de amigos y cómo llegaron allí?

3. Describe a la mujer. ¿Cómo se llamaba?

4. ¿A dónde se dirigieron después de estar en el departamento de la chica y cuál era su propósito para el resto de la noche?

5. ¿Cómo fue la despedida entre el autor y la chica?

ANÁLISIS. En parejas, respondan a las siguientes preguntas:

1. Describe la relación entre el autor y la mujer. ¿Cómo surgió?

2. Para ti, ¿Qué quiere decir la frase: "Fue cuando aprendí que los más pobres son los que más ayudan"?

3. ¿Qué mensaje representaba el clavel marchito sobre la acera que recogió el autor al final de la historia?

4. ¿Cómo interpretas la aparición del clavel marchito o qué tenía que ver con el hecho de que a la chica no le gustaban las flores, en especial los claveles?¿Cómo relacionas estos hechos?

CARLOS FUENTES EN LA NACIÓN DE VESPUCIO

Mientras las carteleras anuncian la película basada en una de sus últimas novelas, Carlos Fuentes entra triunfante al Valle de Phoenix vía Arizona State University (ASU). Durante cuatro días de septiembre esta institución lo recibe, lo luce, lo pasea y lo mima con un estipendio de cuarenta mil dólares porque él "es luz en tiempos de oscuridad" y uno de los más importantes pensadores del mundo occidental. Así lo dice la prensa, los folletos de presentación y los comentarios de eruditos y organizadores de esta fiesta de letras inolvidable.

Habla inglés pero no es un *gringo* y desde las sienes proyecta unas sofisticadas canas pero tampoco es un *viejo*. Además de luz y pensamiento, Fuentes es también el escritor mexicano trilingüe considerado como un "puente" entre dos culturas, la mexicana y la estadunidense, todavía en conflicto. Las sigue dividiendo la "cicatriz" geográfica, política e histórica del río Bravo como él mismo interpretó en una de sus charlas. Porque es también el analista que explica la realidad latinoamericana a un público anglosajón que termina por comprender la necesidad de disminuir prejuicios y acudir a la flexibilidad ante la contundencia y lógica de los argumentos fuentianos.

En su intento por acortar las distancias de percepción entre los hispanoamericanos y los temerosos vecinos del norte, Fuentes, en su primera visita a Arizona —recorrió el Cañón del Colorado el cual "semeja el origen o el fin de la vida en la Tierra"—les dice, les explica, les reclama que el rol de los Estados Unidos en América Latina ya no es tan importante como en el pasado. "Ahora existen diferentes centros de poder en el mundo". Ante el derrumbamiento de fronteras de todo tipo, "quizá las que permanezcan ahora sean tan solo las psicológicas", sorprendentemente dice, tienen "ustedes la oportunidad de vivir en una sociedad bilingüe o multilingüe que es una gran ventaja que no debe ser sacrificada". Es su forma de criticar el tradicional monolingüismo y etnocentrismo norteamericano que Fuentes también les ayuda a superar.

Así, con delicadeza, ex diplomático al fin —ahora retirado porque "muchos pueden ser embajadores pero solo yo puedo escribir mis libros"— en la conferencia titulada *Ampliando perspectivas: una revisión sobre el canon de la cultura occidental*, retoma la idea: sin tanto eufemismo sugiere a los norteamericanos no apartarse, no pretender ser los poseedores de la verdad, la lengua o la democracia absoluta. Y luego les recuerda que "aislarse es morir" y que en el transcurso de la historia las civilizaciones han subsistido conviviendo.

América para los latinoamericanos

La diplomacia académica de Fuentes funciona. Tiene a la audiencia prendida, el recinto abarrotado, escaleras, pasillos, paredes inclusive, huele a debate, a pluralismo inteligente, admiración reflejada en interminables preguntas. Deja hablar el tiempo que sea a la audiencia, no acapara porque —recuerda a Voltaire— "sea lo que sea todos tenemos derecho a expresarnos".

Manuel Murrieta Saldívar

Se encuentran ahí estudiantes y profesores, anglos en su mayoría; críticos y especialistas en estudios latinoamericanos, pero también presencia hispana con argentinos, chilenos, bolivianos, chicanos, mexicanos. Se han suspendido las clases y las actividades del departamento de lenguas y literatura, para que todos escuchemos pasmados sus respuestas convincentes y profundas, "en su inglés que domina como un nativo". Ahora habla a través de un pequeño micrófono prendido al botón de su camisa blanca que lo hace ver muy formal, junto con su pantalón de gabardina oscuro y zapatos negros que se desplazan por todo el "stage". Cara brillante por los reflectores y el leve sudor, porta un mostacho bien cuidado, manos expresivas en movimiento, mirada alerta, boca políglota que ahora, seguridad de la experiencia y la erudición, solicita "another question, please".

Triunfante, el público se entrega: "aquí en 'América' tenemos el problema de diferenciar lo que es latino e hispano, ¿podría aclararnos profesor Fuentes?", salta la pregunta de la estudiante y la mente del autor de *La región más transparente* ya tiene la respuesta. Primero se remonta a Platón y a Sócrates, para refrescar la memoria recordando que la discusión sobre la relatividad del significado de los conceptos data por lo menos desde los griegos; que latino e hispano pueden o no representar lo mismo dependiendo del tiempo o del lugar donde se utilicen estos términos. Pero luego Fuentes, audazmente, voltea el esquema y plantea que "nosotros", los latinoamericanos, tenemos el mismo problema para nombrar a este país. Un silencio expectante, aderezado de incredulidad, se pasea en la atmósfera cuando agrega que el vocablo "Estados Unidos no nos dice mucho, también existen Estados Unidos Mexicanos, Venezolanos o Brasileños". El problema se complica —continúa— cuando agregan "de América" porque para nosotros este nombre comprende desde Alaska hasta la Patagonia. Y el osado Fuentes casi se atreve a proponer que es muy probable que carezcan de un adecuado significante; y la calma poco a poco se convierte en hilaridad y aceptación al proponer suavemente, como en broma, que esta poderosa nación podría adoptar el nombre de "Vespucio". "Another question, Please!".

En algún momento de la charla hubo de surgir el inaplazable tópico del consumo de drogas cuya visión norteamericana es la de la víctima. Simplemente le bastó con señalar que esta práctica no es nueva para el tiempo presente, sino que "ha venido acompañando a la humanidad desde sus mismos orígenes". Sin jactancia, contó la anécdota de que ha estado en ceremonias de consumo de drogas entre indígenas mexicanos y las comparó con el uso que se les da dentro de los modernos apartamentos de las clases medias, "donde no hay ningún rito ni tienen ningún significado". Sin proponer abiertamente la legalización, pero mostrando favoritismo por esta medida, recomendó acciones preventivas y tratamientos tal y como sucede con el alcoholismo. ¡Y no paraba!... Fuentes una vez más les

Carlos Fuentes

Manuel Murrieta Saldívar

trajo una nueva perspectiva cuando manejó que "ustedes pueden declarar la guerra a las drogas en Colombia pero es muy distinto hacerla contra su propia gente y dentro de sus ciudades que también necesitan auxilio".

El Nóbel a Jorge Luis Borges

El ganador del premio "Cervantes" de España en 1988 habló también por supuesto de su literatura. Nueve de sus novelas han sido traducidas al inglés y se pueden ver—y comprar— en las librerías universitarias y en los "shoping centers". Su método de trabajo incluye escribir diariamente de ocho de la mañana a dos de la tarde y ubica su voz, su palabra, en los niveles experimentales más que producir libros que simplemente le aseguren éxito tras éxito. "Cada obra es como una botella con un mensaje escondido", declara. Sobre su trilingüismo revela que por lo general prefiere dar conferencias y entrevistas en inglés, que escribe "estrictamente" en español y que el francés lo usa para redactar notas de "agradecimiento". Sin embargo, defiende, "todos mis sueños ocurren solamente en español".

De pronto, un experto en literatura argentina plantea el debate sobre el otorgamiento de los premios Nóbel y desprende una especie de decepción porque el escritor Jorge Luis Borges no fue galardonado. Fuentes escucha y mira atento. Al hablar revela la identidad del cuestionador como para advertirle que se trata de un crítico al cual ya conoce, al cual ya "se ha desayunado", y sin embargo siguen siendo buenos o viejos amigos, ¿serían? Le advierte que rara vez se "escribe para ganar premios"; luego lo remite a la academia sueca para despejar la incógnita de la negativa del Nóbel a Borges, "yo no soy el adecuado para responderle". Le explica, no obstante, que cada obra y autor crean, aunque a veces no resulta, su propio público lector en algún dado momento y sociedad. Da un ejemplo con el "naturalismo francés" del siglo XIX que ahora es muy popular en Moscú; y termina comentando, y de aquí la ansiedad del Nóbel a Borges, que los argentinos están como necesitados de reconocimientos internacionales. Necesitados "de que se les nombre, cada esquina de Buenos Aires urge que se mencione porque lo que pasa es que en Argentina solo hay pampas, todo está plano, a diferencia de México, plagado de exhuberancia, de pirámides, de mestizaje, de indígenas, los argentinos están siempre a la espera de ser creados, recreados, nombrados"...

Durante unos segundos el auditorio quedó estupefacto, incrédulo por esa respuesta, máxime algunos "ches" de impávidos rostros, luego sonrisas de aceptación mientras que alguien escuchaba el mensaje con estupor como concluyendo en definitiva que es un verdadero placer escuchar las defensas de Carlos Fuentes en el país de "Vespucio" que, intermitentemente, abre su inteligencia para comprender otras nuevas y frescas visiones de la realidad e identidad latinoamericanas.

Fuentes y el cronista

Desde hacía semanas la noticia de la visita de Carlos Fuentes a la universidad en Tempe me tenía conmovido, aún y a pesar de la tempestad de actividades académicas y docentes más las angustias permanentes del momento ¿nostalgia por la gente de México y de Sonora? La preocupación inicial era de cómo disponer del tiempo necesario para poder asistir a la mayor parte de sus presentaciones sin afectar la obligada rutina que uno tiene que resignarse a cumplir para asomarse al mundo. El "detalle" se resolvió solo porque, oh importancia de Fuentes, desde el día de su llegada las actividades en mi departamento académico fueron suspendidas para aprovecharlo a placer. De cualquier modo, iba a acudir a la irresponsabilidad para evadir mis tareas rutinarias y poder dedicar todo mi tiempo al afamado escritor. El problema fue entonces cómo distribuir el tiempo teniendo tanto Fuentes a mi alrededor, mañana, tarde y noche, durante cuatro días memorables.

En la víspera, pósters, volantes y folletos fuentísticos veía a granel a mi paso por pasillos, kioskos y aulas del campus mientras que en las oficinas de lengua y literatura ya se comentaba el trastocamiento de los horarios y quiénes, dado el caso, participarían en atender al escritor. Frank Salerno, un volátil profesor de español, me confesó en secreto que todo estaba dispuesto para que él fungiera como chofer en el recorrido de Fuentes por el Valle de Phoenix donde quería convivir con chicanos y paladear comida mexicana. Le propuse que me contara a detalle y sirviera como intermediario para ver la intrépida posibilidad de escabullirme, legal o ilegalmente, al auto fuentiano. Pero en el marasmo y ajetreo de su llegada me olvidé de todo y lo único que dictaba mi conciencia y emoción era asistir temprano a su primera aparición pública que, ¿detalle de su compromiso hispano?, fue una plática informal con los estudiantes mexico-americanos de la universidad.

Ahí admiré de inmediato su sencillez en el vestir que me inspiró confianza para hablarle como si fuéramos casi amigos o por lo menos paisanos. Esa mañana vestía él una guayabera blanca y un pantalón de mezclilla levemente deslavado por el uso. Desde el pódium movía sus manos y su cuerpo mientras respondía o solicitaba preguntas en español, eso sí, ahora todo en español. Tuve, no obstante, a pesar de estar henchido de felicidad, una leve decepción porque el recinto no estaba lleno a su capacidad, ¿desconocimiento de la importancia de Fuentes o responsabilidad hispana de no ausentarse de los deberes?, observación que obviamente descarté para concentrarme en su voz o preparar mis potenciales preguntas.

Alrededor había unas mesas de manteles largos brillantes que sostenían las frutas más frescas de la temporada, señal inequívoca de que habría una informalidad más informal de la que sucedía en ese instante y que yo ya esperaba con ansiedad para siquiera mirar de cerca el brillo de sus ojos. Cumplí con mi auto deber de hacerle una pregunta que versaba sobre su misión cultural en angloamérica cuya respuesta más o menos intuía pero creía indispensable se aireara frente a los estudiantes hispanoparlantes. Luego de los protocolos finales muy pocos se avalanzaron sobre

Manuel Murrieta Saldívar

él...fue entonces que vislumbré la sorprendente realidad de que no solo miraría de cerca el brillo de su mirada, sino que iba a ocurrir un encuentro más allá del "tercer tipo".

Con cautela fui acercándome, mi mente era una caldera de ideas y cuestionamientos que se volvían un caos por el influjo de la emoción. Sin embargo, logré concebir el socorrido recurso de solicitarle un autógrafo que lo estampó en mi programa de mano a falta de mejor material. Cuando preguntó mi nombre aproveché para anunciarle además mi origen mexicano sonorense, mis estudios y enseñanzas en Arizona, esperando su aprobación como buscando la motivación definitiva que me disparara a continuar por rumbos literarios y vivenciales aún desconocidos. Fue gratificante escuchar que los intelectuales latinoamericanos en Estados Unidos tienen—¿tenemos?—el deber de impulsar el desarrollo de una mentalidad más abierta entre los anglosajones para lograr una convivencia de entendimiento, pacífica y de respeto. Me dijo también que nunca había estado en tierras sonorenses a las que algún día le gustaría visitar ya que, entendí, alguna rama de su árbol genealógico se extiende por "ahí" por la región del pueblo de Álamos. Repitió la recomendación de disciplina, trabajo y estudio, el saber retraerse en soledad, para el logro de una aceptable carrera literaria.

Luego se dejó estrechar las manos, saludar y sonreír, tomarse algunas fotos y, casi sin sentirlo, ante el ya inminente acoso de los otros, nos fuimos alejando irremediablemente hasta la noche siguiente. En esa ocasión solo pude verlo de lejos, enfundado ahora en un smoking azul oscuro y acompañado por su afrancesada esposa, rodeado de la cúpula política y universitaria de Arizona. Ahora se trataba de una ceremonia especial en la que le entregaban reconocimientos, le rendían tributo, honores, aplausos, caviar, champagne, entrevistas, guardias de seguridad, gafetes de exclusividad, flashes, cámaras, todo, así, completamente inalcanzable en una distancia de lujo y de recuerdos...

VOCABULARIO

#	Término	Definición
1.	**Vespucio**	apellido de Américo, quien fue el primer navegante que comprobó que las tierras descubiertas por Colón eran un nuevo continente
2.	**Estipendio**	pago, salario
3.	**Eruditos**	sabios, experimentados
4.	**Contundencia**	firmeza, convicción
5.	**Etnocentrismo**	creencia de que la propia raza y cultura es mejor que las demás
6.	**Eufemismo**	indirecta, rodeo que substituye a otra palabra inoportuna
7.	**Recinto**	espacio, lugar
8.	**Abarrotado**	muy lleno, saturado
9.	**Mostacho**	bigote
10.	**Políglota**	que habla muchos idiomas
11.	**Hilaridad**	alegría, alboroto
12.	**Jactancia**	orgullo, arrogancia
13.	**Pampas**	llanuras, praderas
14.	**Mestizaje**	mezcla, combinación de razas o culturas
15.	**Estupefacto**	sorprendido, desconcertado
16.	**Impávidos**	que no sienten miedo
17.	**Fungiera**	ocupara un empleo o cargo
18.	**Marasmo**	paralización
19.	**Guayabera**	tipo de camisa para hombre que va por fuera del pantalón
20.	**Henchido**	lleno de felicidad
21.	**Socorrido**	útil, práctico

EJERCICIO:

EL SUSTANTIVO.
Subraya en la lectura un sustantivo que nombre un **ser**, otro que nombre un **objeto** y uno más que nombre un **concepto**. Escríbelos aquí y señala con una P si es plural y con una S si es singular.

_____   _____   _____

CUESTIONARIO

COMPRENSIÓN. Contesta las siguientes preguntas en oraciones completas:

1. ¿Quién es Carlos Fuentes de acuerdo a esta historia? Describe algunas de sus cualidades mencionadas.

2. ¿Cómo era su trato con la audiencia mientras daba sus discursos?

3. ¿Cuántos idiomas habla Fuentes? ¿Qué revela sobre el uso que le da a cada uno de sus idiomas?

4. ¿Cómo tomó el cronista la noticia de la visita de Fuentes a la universidad?

ANÁLISIS. En parejas, respondan a las siguientes preguntas:

*1. Identifica y explica el tema de esta crónica. ¿Por qué se titula "Carlos Fuentes en la nación de Vespucio"? *Navigante florentino america Descurvered*

2. Comenta la manera en que Fuentes responde a la pregunta de que "aquí en América tenemos el problema de diferenciar lo que es latino e hispano…"

*3. ¿Por qué crees que Fuentes dice: "todos mis sueños ocurren solamente en español."? Como latino en los Estados Unidos y conociendo dos o más lenguas, ¿Te identificas con él? Explica el porqué de tu respuesta.

4. Describe el interés del cronista por Carlos Fuentes que se presenta en la última parte de este relato.

PAUL McCARTNEY POR FUERA

I

Desde el pequeño apartamento situado en la segunda planta de la calle Lemon en Tempe, Arizona, veo las candilejas del estadio de futbol americano. Luego escucho unas notas musicales tan familiares como si surgieran de mi adolescencia mexicana, sonorense, hermosillense. Es una mezcla de sonido luminoso que se percibe a unas tres millas de distancia que anuncia, como lo fue tiempo atrás, no una misa presidida por el Papa Juan Pablo II. Tampoco se trata de la algarabía rutinaria de un juego del "fracasado" equipo de los "Cardenales" de Phoenix, o de su similar estudiantil de Arizona State University ni mucho menos es un ensayo pirotécnico que celebra algún día festivo.

El tiempo entonces no existe, el pasado y presente conjugan un instante irrepetible cuando presiento que voy a dejar los libros, clausurar la radio y la televisión, cenar rápidamente para dejarme hipnotizar por ese ritmo tan natural que he venido gozando desde la infancia, por ejemplo en los baldíos de la calle Puebla en Ciudad Obregón o en las canchas de la Universidad de Sonora cuando el reinado de los rockeros mexicanos Enrique Guzmán o Angélica María. Ahora, en cambio, el sonido lo tengo en vivo cerca de mí, producido por su creador original nacido en Liverpool y siempre, siempre inalcanzable para nosotros.

II

Porque hubieron de transcurrir al menos dos décadas y una constelación de circunstancias para que en la semioscuridad de un cuatro de abril me disponga a realizar esta caminata en solitario atraído, imantado, absorbido por esas luces y ritmos aparentemente rutinarios. Y es que hoy adquieren nuevos significados, quizá inolvidables, porque provienen de él, leyenda musical del siglo caído a mí como por accidente. Estoy anonadado, casualmente privilegiado, curiosidad irresistible aun a pesar de que no porto el boleto de entrada porque se han agotado, días antes, 55 mil en tan solo 120 minutos. Soy la resignación feliz porque la casualidad no fue tan esplendorosa como para situarme en una de las butacas y distrutar, meditar, analizar a un Paul McCartney avejentado que todavía carbura los sentidos de tres generaciones que le rinden tributo desde los cerros, las banquetas, las explanadas, los estacionamientos y otros lugares estratégicos. Claro, junto con los más de 64 mil "fans" del interior del estadio.

Porque pude nacer en la frontera entre el "primer" y el "tercer mundo", gozar de una educación gratuita mexicana y sonorense que me instala en la universidad del estado de Arizona, superar el "shock cultural" anglosajón y hacer esta noche libre, todo, todo eso para que

Portada oficial del disco

Manuel Murrieta Saldívar

los designios pusieran al Beatle a unos cuantos pasos de mi apartamento. En cambio, no pude, no debo, completar los cientos de dólares para el boleto de la reventa, diluida a última hora la posibilidad de que un amigo guardia de seguridad me traspasara gratis al atestado graderío de los exclusivos.

III

Es que nunca habrá felicidad completa. Conforme, voy entonces hacia la mole del estadio zumbando en los oídos los acordes auténticos de "La noche de un día difícil" exactamente como la mía. Atravieso la calle Rural, tomo el atajo de los estacionamientos, ya no estoy solo porque anglosajones de reducida economía confluimos en la avenida University, a una cuadra del altar. Desde ahí es cuando comenzamos a escuchar el estertor del final de "Déjalo ser", del "Largo y sinuoso camino" que experimento para llegar a la periferia del recinto, la orilla del ídolo que jamás concebí soñarlo tan directo cuando lo escuchaba en la estación radial de mi ciudad, la "XEPB", programado por el locutor Dávila Bernal Francisco. Y de repente somos ya cientos, ya miles de privilegiados incompletos parapetados en las entradas principales. Hay asadores y hieleras en banquetas y jardines, "latinos", chicanos de lente oscuro recargados en postes y automóviles, grupos de juveniles con vestimentas tomadas del canal MTV, de la revista *Vogue* y de otros marcadores de modas europeas. Surgen así muchachas que serían luminarias en cualquier parte si tuvieran un buen contacto, estudiantes árabes, orientales, curiosos de las tribus návajo y ópatas, paquistaníes atestiguando el fenómeno en incrédulo silencio.

Se aprecia también el circular y circular de patrullas, entrada y salida de limusinas con choferes blancos, autobuses impecables más brillantes que el oro donde viaja la banda, fotógrafos y periodistas de las grandes cadenas internacionales de noticias mientras yo busco los resquicios visuales que enfoquen siquiera las gradas, el escenario multicolor. Es decir, deseo ser testigo de un suceso histórico irrepetible aunque sea por fuera...confusión mental, viaje de la memoria, sístole y diástole, satisfacción en sonrisas, cuando los oídos, todos los sentidos se sorprenden con la verdadera versión en vivo de "Eleanor Rigby". En tanto, helicópteros se preparan ya para adornar desde arriba y con sonidos pesados el inicio de la pieza "Regreso a la URSS" ovacionada por unas gargantas afónicas de tanto celebrar.

VOCABULARIO

1. **Candilejas** — luces, focos, lámparas
2. **Algarabía** — alboroto, griterío confuso
3. **Anonadado** — desconcertado, desanimado
4. **Carbura** — funciona con normalidad
5. **Designios** — planes, intenciones
6. **Atestado** — lleno, repleto
7. **Mole** — bulto, masa
8. **Confluimos** — reunimos, concentramos
9. **Estertor** — fin, desenlace
10. **Sinuoso** — curvo, torcido
11. **Resquicios** — aberturas, rendijas
12. **Sístole** — contracción del corazón para empujar la sangre
13. **Diástole** — dilatación del corazón que le regresa la sangre
14. **Ovacionada** — aplaudida, aclamada
15. **Umbral** — entrada
16. **Ataviado** — adornado, elegante
17. **Desmitificado** — disminuido o despojado del carácter mítico; regresar a algunos aspectos de la realidad

Manuel Murrieta Saldívar

IV

Ya estoy en el viaje. Como en trance, perdí la secuencia y solo me veo rodeado por el sonido McCartney, un fluido cercano pero lejano en el tiempo de la nostalgia. Asegurada la audición, me preocupo ahora cómo mirar más allá de esa música invisible; y recuerdo que no hay contactos para entrar siquiera a última hora o por lo menos al umbral del paraíso. Entonces escucho "Hey Jude", "Get back" y de su propio repertorio "Déjalos entrar", 'Vive y deja morir", canciones que me obligan a dirigir la atención

a lo que brota desde el centro del estadio y ya no tanto a esos acordes clásicos. Luego vienen a mi mente algunas mañas muy nuestras, digamos "muy mexicanas", para lograr escabullirme al interior, ¡imposible!, te puede reportar de inmediato un radio transistor o te detiene un vigilante tipo Rambo incapaz de ceder, de comprender el significado de tu historia...

Entonces continúo con mi vagabundeo, hago rodeos, sigo detenidamente la alambrada, los pequeños muros de concreto, bajo y subo guarniciones, estiramos como nunca el cuello y la cabeza... impávido y en solitario descubro el milagro de unas pequeñas rendijas que no lograron cubrir las paredes improvisadas que impiden fríamente la mirada, la curiosidad gratuita de los "de afuera". Y ahora sí, en medio de las siempre notas memorables, "Yesterday", "El tonto de la colina" o "Love me do", encuentro mi tajada de cielo, la exclusividad de "primer mundo", mi visión que pasará a la eternidad: a unas cuantas yardas-metros ¡observo a Paul McCartney en carne y hueso! Está ataviado en traje oscuro, la mano zurda tocando el bajo, el cuello blanco de su camisa aún brillante. Es un detener la mirada, fijar la imagen, es un perder la noción de la realidad e identidad...encima veo el reflejo de él y de su esposa Linda en un "close up" de pantalla gigante, se miran también a los otros desconocidos miembros de la banda, el platino de los micrófonos, de los sofisticados aparatos.

Luego como que balbucea, lanza mensajes ecologistas, recuerda a John, a George y a Ringo, es una figura familiar que se me desmorona ante el impacto de realidad, incontrolablemente, sin remedio, casi sin quererlo, me pregunto si él conoce la existencia de miles de seguidores mexicanos a solo unas tres horas hacia el sur, hacia la frontera, el inicio del "tercer mundo" que no ha visitado a pesar de... Paul McCartney ha sido admirado, desmitificado, y yo me retiro ya sin las sorpresas del primer instante, ya no me importa que su concierto continúe en una fiesta masiva pero exclusiva, común y extraña porque presiento que no fuimos invitados...

EJERCICIO:

VERBO EN INFINITIVO
Por favor, confirma comprender qué es un verbo en infinitivo. Ahora identifica en la lectura tres verbos en infinitivo, ¡pero cada uno con diferente terminación! ¿Puedes lograrlo?

_____   _____   _____

CUESTIONARIO

COMPRENSIÓN. Contesta las siguientes preguntas en oraciones completas:

1. ¿Qué le llama la atención al autor desde su apartamento?

2. ¿Cuántos años pasaron para que el autor se cruzara con esta oportunidad?

3. ¿Cuál era el mayor impedimento para que el autor presenciara el evento?

4. ¿Quién era Paul McCartney?

ANÁLISIS. En parejas, respondan a las siguientes preguntas:

1. Resume brevemente la trama de esta historia. ¿Cómo se desarrolla cada parte del relato?

2. ¿Cómo relacionas el título de esta historia con lo que pasa en realidad?

3. ¿Por qué crees que el autor se conforma con vivir esta experiencia aunque sea "por fuera"?
   no necesito boleto
   algo que el realmente quería conocer.

4. ¿Qué harías tú en lugar del autor? ¿Qué cambiarías en el rumbo que tomó este relato?

DE ESPAÑA A AZTLÁN O EL GACHUPÍN *ACHICANADO*

Entre el tráfico académico del verano, el profesor Justo Alarcón surge del elevador del cuarto piso del edificio de lenguas en la universidad estatal de Arizona en Tempe. Así como aparece y se introduce en su oficina, brota en nosotros el genio del cronista: es un perfecto viajero entrevistable.

Cuando aún sus canas eran escasas, había cruzado el océano Atlántico desde España, muy tarde ya para hacerlo en carabelas, pero de cualquier manera arribó a América vía maestría en Canadá y luego se doctoró en letras en la universidad arizonense de Tucsón. La protestante algarabía de los años de 1960's lo transformó en un "gachupín achicanado", como él mismo lo confiesa, tratando de rescatar a este "Aztlán" abandonado a veces por los dioses aztecas. Y no fue "activista" solo de palabra, también de acción: al típico modo estudiantil de aquellas épocas neo-románticas—pinta de bardas en pleno imperio, mítines relámpagos y marchas de protesta— participó en conseguir la introducción de cursos de literatura y cultura chicanas en la academia estadunidense.

También ha logrado publicar por lo menos tres novelas que defienden la dignidad de la "raza"—*Los siete hijos de la llorona*, *Chulifeas fronteras* y *Crisol*. Al rebote del tiempo, sus esfuerzos provocaron que el español se oficializara como la lengua extranjera más popular entre los anglosajones, tanto, que ahora los propios hispanos de tercera generación sufren una especie de pena por no hablar fluidamente la lengua de sus abuelas. Y ahora, Alarcón vanguardista, acaba de plantearnos el nuevo retroceso del peligro: ante tanta popularidad, el español se escucha demasiado en las ondas electrónicas pero declina la producción escrita y el interés por la lectura—fenómeno universal debido quizá a la escasez de tiempo que produce el acelere de la sobrevivencia postmodernista. Textual: "Casi nadie lee", dice y escucho pasmado, "peligra la cultura".

El tema de una conversación que quiere ser crónica viajera ha brotado, me preparo entonces para recibir esta revelación inesperada que me ubica en el laberinto confuso de la historia entre dos mundos.

Estamos en la exclusividad de su oficina donde es posible romper los férreos códigos anticontaminantes porque, a pesar de las estrictas

Justo S. Alarcón

Manuel Murrieta Saldívar

prohibiciones—usted no podrá comprar cigarros en el campus pero sí preservativos en cualquier dormitorio estudiantil—fuma, fuma tan a gusto y sin ningún remordimiento higiénico o social que el humo ya me seduce. Su grave voz altisonante empieza a explicar que el escritor chicano que antes fomentaba y preservaba la lengua cervantina, ahora se tiende a redactar en la de Shakespeare. Y aquí hay contradicciones porque en menos de veinte años el hispano se convertirá en la minoría mayor y su lengua aún vendrá a ser más popular. La nueva preferencia lingüística tiene explicaciones muy prácticas: quieren vender literatura de tema chicano al lector anglosajón—deduzca usted las consecuencias económicas.

Así, Alarcón ejemplifica: Rolando Hinojosa, premio "Casa de las Américas" por sus historias chicanas escritas en Spanish, ahora narra en inglés; además, obras escritas hace cinco o diez años atrás se están reeditando exclusivamente en el idioma de los güeros. Ambos soltamos unas poéticas bocanadas, escuchamos el rin-rineo del teléfono, mi ego se eleva cuando Justo elimina toda posibilidad de interferencia porque cuelga, "estoy ocupado", contesta en el auricular, y entonces libera su alma quijotesca: "el problema es que no pasa lo contrario—continúa—esto es, no traducen las obras del inglés al español y ¡ni siquiera para consumo mexicano"! No obstante, reconoce que el fenómeno supone ciertos beneficios de presencia porque, aunque por ahora son casi puros desplantes mercantiles, al mismo tiempo la gran mayoría anglosajona es posible se dé cuenta de que existimos.

Es entonces que concluimos que la "inglesación" de las letras chicanas resulta en ese sentido constructiva pero la tendencia es en esencia contradictoria. "Por supuesto que lo es—parece que aún lo escucho—y lo es todavía más si se observa el impulso que la radio y la televisión hispanas le dan al español". Especifica: solamente en el Valle de Phoenix operan cinco estaciones radiofónicas y dos de TV que transmiten en nuestro idioma, esto da una muestra del "tremendo auge". Por su parte, los medios escritos—una revista quincenal bilingüe, un periódico y un tabloide de calidad en ascenso—son escasos y sufren permanentes crisis económicas además de tener un alcance limitado en comparación con las grandes audiencias de sus competidores electrónicos.

Y en cuanto a editoriales, existe una "bilingual press" que difunde mayormente obras de corte académico para consumo intelectual de altura. Alarcón redondea: mientras los medios electrónicos se abren para el desarrollo y penetración del español, la escritura parece que se cierra. Y luego lanza la advertencia de que si el dominio de la palabra oral sigue en aumento, es peligroso en términos sociales porque cuando la lectura ya no es prioridad, se atenta la misma base de la cultura. El decaimiento o desinterés se origina básicamente porque no existe aquí el fomento por leer, explica Alarcón, ni siquiera se promueve dentro del propio sistema educativo norteamericano en su conjunto sin importar grupos étnicos. Tan no se impulsa la lectura que una compañía cervecera—mire usted el cablevisión y sabrá la marca—anuncia programas de alfabetización porque el pronóstico señala que entrado el siglo XXI dos de cada cinco norteamericanos serán analfabetas ¡en el país más rico del mundo!

"La juventud se dedica a ver, a oír pero no a leer", escucho el eco realista de Alarcón. Sin embargo, su mente quijotesca es ya un avispero: ha concebido soluciones. Dado el elitismo de las clases universitarias—pagos, pagos y más pagos—propone cátedras a través, precisamente, de los medios que producen el desinterés por leer. Así se podrá incitar a la lectura y al conocimiento de la herencia hispana. Y lo propone porque ya ha hecho intentos. En 1990, desde la cabina de KVVA "Radio Viva", unos cien mil alumnos, perdón, radioescuchas, recibieron lecciones sobre la cultura del suroeste de Estados Unidos—el territorio conocido como Aztlán por los chicanos—directamente de la provocativa voz del "profe" Alarcón, como se le conoce por estos rumbos. Triunfante en su ejemplo, confiesa humilde y orgulloso que por lo menos ha de haber tenido desde la radio unos "cincuenta mil estudiantes mientras en mi clase apenas logran inscribirse ¡diez"!

Recordamos luego que en México la difusión de la cultura es una actividad institucionalizada y que incluso artistas e intelectuales ven como una especie de compromiso ponerse en contacto directo con el gran público—el pueblo, pues. Alarcón confiesa su simpatía y satisfacción por esta práctica como reconociendo tímidamente que es una lástima que aquí, por lo menos en Phoenix, no sea reproducida ni por hispanos o anglos. Y no es posible—sigue revelando—porque las concepciones sobre los métodos de enseñanza y difusión del conocimiento son diametralmente distintos. El "nuestro"—destaca—es deductivo, mientras el anglo es inductivo. Es decir, en la práctica las sociedades hispanas, por ejemplo, tratan de llevar la cultura de la universidad a las calles, mientras que en angloamérica si no cubres la matrícula está prohibido entrar a clases aunque pagues los impuestos. "Es un divorcio perfecto entre las masas y la universidad", sintetiza.

Luego, sufro yo otro impacto, otro golpe de realidad de lo que antes era tenue sospecha porque "el profe" me dice que en Estados Unidos el intelectual, al menos el académico,

VOCABULARIO

1. **Aztlán**	lugar mítico del origen de los aztecas; ubicado en el suroeste de USA o norte de México	8. **Bocanadas**	exhalaciones, soplos
		9. **Auge**	fama, importancia
		10. **Tabloide**	periódico pequeño con muchas ilustraciones
2. **Gachupín**	español establecido en México o Guatemala	11. **Quijotesca**	con características de Don Quijote, idealista, soñador
3. **Carabelas**	barcos antiguos muy largos y livianos		
4. **Vanguardista**	del movimiento del van guardismo; alguién renovador, atrevido	12. **Avispero**	confusión, lío
		13. **Cátedras**	materias, doctrinas
		14. **Coloquios**	debates, conversaciones en aras en honor o en intéres de...
5. **Férreos**	fuertes, duros		
6. **Altisonante**	espectacular, grandiosa		
7. **Fomentaba**	promovía, impulsaba	15. **Propugna**	defiende, apoya

Manuel Murrieta Saldívar

no solamente no desarrolla el compromiso de ponerse en contacto con la gente, "sino que lo evita; no existen puentes con la comunidad". La separación se manifiesta incluso dentro de los recintos en donde los mismos profesores de lenguas extranjeras rara vez discuten entre ellos sobre temas globales fuera de las discusiones por escrito o los coloquios literarios. En cambio—surge de nuevo la comparación inevitable y es entonces que Hermosillo, donde él ha estado como ponente, va a flotar en las alturas—en esa "hermosa" ciudad de donde vienes, y perdóname que te hable de ella, es maravilloso observar tanta gente joven involucrada, bien leída, que discuten en distintos lugares con entusiasmo. Aquí no, está muerto, remata.

Para ser aún más contundente, da ejemplos de cómo la cultura no es tomada en serio. En Phoenix, ciudad centenaria de unos dos millones de habitantes, son escasos, casi nulos, los edificios antiguos "lo que ya dice mucho". Y es que si existe una construcción de más de cincuenta años, estorba al desarrollo funcional de la ciudad y entonces la echan para abajo, no se necesita. Así, destruyen la memoria histórica en aras de la comodidad lo que para Alarcón no es necesariamente cultura porque ésta se basa en la historia y la tradición. Y lo otro sería civilización ya que ésta propugna a toda costa el progreso y la tecnología. Entonces, si el edificio antiguo no se puede reacondicionar para instalarle aire acondicionado, ventilación, equipo contra incendios o ventanales ahumados, "simplemente lo derrumban". Se pierde así la memoria en un afán de más confort, volvemos a coincidir, y él agrega que esta nación es escasa entonces en cultura porque no existe una memoria histórica concreta lo que es importante "para la identidad, la autoestima, el orgullo o aprecio de uno mismo" sobre todo para el sector latino de por aquí.

E insiste, quiere agregar que inclusive los cursos generales de historia son tan breves que se limitan a unos cuantos hechos: la llegada de los peregrinos, George Washington, la independencia y la guerra civil. Cualquier preparatoriano aquí apenas sabe eso y es difícil que tenga noción del curso del tiempo en esta zona... ¿y sobre México qué se dice? ¿No hay nada de lo nuestro?, "¡por supuesto que no!, la parte de México ni les interesa... ustedes casi no existen, mas que en la guerra que ellos ganaron con su destino manifiesto", confiesa y entonces se echa a reír como burlándose y yo me voy conmovido ante tanta sapiencia e ignorancia anglosajona, hispana, chicana y mexicana que me rodea en este viaje feliz por los pasillos de la academia...

EJERCICIO:

ADJETIVOS
¿Qué es un adjetivo? Localiza cuatro en la lectura. Escríbelos aquí junto con su sustantivo correspondiente (no escribas solo el adjtivo) e identifica su género y número. ¡Finalmente conviértelos en su género contrario!

CUESTIONARIO

COMPRENSIÓN. Contesta las siguientes preguntas en oraciones completas:

1. *¿Quién es el "gachupín achicanado"?*

2. *¿Cúal es su meta?*

3. *Menciona las fuentes electrónicas como radio y TV que operan en Phoenix y compáralas con los medios escritos que hay allí.*

4. *¿Qué propone Alarcón para incitar a los estudiantes universitarios a leer?*

5. *¿Qué dice Alarcón sobre las clases de historia en las preparatorias de los EE. UU.?*

ANÁLISIS. En parejas, respondan a las siguientes preguntas:

1. *¿Qué relación tiene el español en las ondas electrónicas con la producción escrita y la lectura?*

2. *¿Cómo interpretas las frases "Casi nadie lee" y "peligra la cultura"?*

3. *¿Por qué crees que se traducen obras del español al inglés pero no tanto del inglés al español?*

4. *Compara a la juventud de este país con la de Hermosillo, México. Incluye argumentos de este relato hechos por Alarcón.*

5. *¿Qué opinas tú sobre el debate de la lengua española y la decadencia cultural en este país? ¿Crees que se pueda recuperar el interés por nuestra lengua nativa como propone Alarcón?*

THANK'S VIRGENCITA, I'M FREE

La bandera estadunidense ondea electrónicamente en la pizarra del centro de actividades de la universidad estatal de Arizona no para anunciar el resultado del encuentro de basquetbol, sino para adornar ideológicamente la última ceremonia de graduación. En el mismo recinto en que días antes Kevin Johnson de los "Soles" de Phoenix no encestó lo suficiente para eliminar a los "Jazz" de Utah, se encuentran miles de egresados ordenados por una férrea jerarquía académica: togas y birretes negros para los doctorados, ribetes distintivos para los "masters" y para los "bachelors" o licenciados una bata color marrón que se expande como mancha por toda la duela y las primeras hileras de las graderías.

Es alrededor de la una y media de la tarde del diez de mayo y mientras recuerdo a las madrecitas, sobre todo a la mía, soy testigo y partícipe de esta graduación inevitable: mi nombre mexicano aparece en el programa oficial en la sección de maestrías, solitario, luciente como un intruso, rodeado por otros apellidos anglosajones, japoneses o árabes ininteligibles.

Una especie de orgullo incontenible, llanto de satisfacción, alegría triunfal, la evaluación del dolor invertido en años para poder entrar aquí, todo eso y más emana del recinto y de mi propio cuerpo. Ya soy víctima también del festejo aunque sin las vestimentas oficiales porque no hubo tiempo ni suficiente presupuesto; pero en "livais" decente y camisola azul de rayas quiero ser parte del rito nada más "por no dejar pasar" y porque, dicen, uno se lo merece.

No obstante, me esfuerzo para que el alboroto no contagie demasiado y ahora estoy observador y reflexivo. Después de todo, estamos ya liberados de las aulas con este título que ayudará apenas a superar el terror del salario mínimo porque es casi imposible alcanzar a un Donald Trump o a un Nelson Rockefeller. Y en el futuro, ya en la fiera competencia de los puestos, estos graduados, con unos cuantos "hispanos" por detrás, invadirán al mundo preparados para reforzar la estabilidad de este imperio otra vez triunfante ante la derrota sobre Irak y la debilidad del bloque del Este. Nadie piensa en esto, pienso, porque hoy es solamente la continuación de la fiesta.

Parientes y amigos atestan hasta los últimos confines del espacioso gimnasio. Vienen todos armados para los recuerdos del futuro con las más sofisticadas videocámaras, costosos perfumes y una suculenta selección de vestidos, joyas, ramos de flores e ideas para celebrar en grande mientras abajo los hijos privilegiados expresan su agradecimiento con letreros estampa-

Manuel Murrieta Saldívar

dos sobre la tapa de los birretes: "Thanks Mom", "I´m free!" o "Gracias a mis padres"—y a la virgencita de Guadalupe, reconozco sinceramente en mi interior.

Y es que en este mayo de graduaciones por toda la Unión Americana se las ingenian para reconocer, anunciar y liberar a la nueva generación que es festejada a como dé lugar con la garantía de que acapararán la atención de la familia, los vecinos e inclusive de los "mass media". Y la fastuosidad de los festejos depende de la escala social, étnica, racial o nacionalidad a la que se pertenezca; incluso hay quienes no tienen la disposición o el humor suficiente para asistir a las ceremonias con toda la parafernalia y opten mejor por recoger el diploma en el buzón del correo.

Pero Tempe, la ciudad estudiantil por excelencia en Arizona, fue un torrente de fiestas de graduación durante todo ese fin de semana. Después de los estrepitosos exámenes finales del último semestre, cada noche era una pachanga anticipada: bares y restaurantes, una de la mañana hora límite, tornaban roja la piel güerita de los egresados locos ya con el calor y el sabor de las bebidas y las botanas preferentemente mexicanas— "mi favorita es Corona y las tortillas chips". El arrebato inclusive disminuyó efímeramente el choque cultural y el profesor de la clase de español, flamantemente importado de México, de Perú o de Madrid, fue invitado para una cena informal, un trago de calentamiento o una ceremonia exclusiva.

Por ejemplo, Teresa Torres, de padre latino y ejecutivo que volaba desde Tel Aviv a Londres durante el instante de un festejo; y Connie Sanders, empleada de la aerolínea local America West y especialista en portugués y castellano, provocaron que el profesor se dejara "secuestrar". Aceptó la sugestiva invitación de celebrar en la discoteca "Studebaker's" danzando con música del recuerdo mientras al fondo las meseras revoloteaban con diminutas faldas de "cheer leaders" o porristas de los años 50's.

Pero hubo mejores privilegiados. Luego del himno nacional, la marcha de las banderas de cada facultad, del breve discurso del presidente de la universidad, Lattie F. Coors ("nunca dejen de aprender y ayuden a los otros", exhortó con una esperanza apenas notada en su pausado inglés) y del orgulloso griterío en las gradas, la señorita Kristine gozó de la exclusividad del "primer mundo" y de la alegría del "tercero". Hija única de un acaudalado matrimonio de Wisconsin, catalogada entre las mejores tenistas a nivel nacional, viajera al mar Caribe durante las pausas del semestre —"Jamaica realmente me encantó, la gente es pobre pero feliz"—con-

VOCABULARIO

1. **Egresados**	licenciados o graduados	8. **Parafernalia**	adornos, lujos excesivos que acompaña un acto especial
2. **Togas**	túnicas, batas		
3. **Birretes**	gorros		
4. **Ribetes**	cintas, adornos	9. **Efímeramente**	momentáneamente, brevemente
5. **Ininteligibles**	incomprensibles, complicados		
6. **Emana**	proviene, procede	10. **Acaudalado**	millonario, adinerado
7. **Confines**	límites	11. **Amenizaran**	divirtieran, entretuvieran
		12. **Paradoja**	contradicción, disparate

trató al "Mariachi del Sol" universitario. Su música amenizó durante toda la fiesta de graduación celebrada nada más y nada menos que en el lujoso Sheraton Regency Hotel, protegido con guardias de seguridad en puerta. Impactada por la cultura latino-mexicana, Kristine ordenó además que se colocara una fuente pequeña y plateada, de donde emanaba un infinito chorro de bebida de tequila, "¡de margaritas!". Ella misma a veces la distribuía a su selecto grupo de invitados y les anunciaba, feliz y contenta, haber sido ya contratada para educar, de forma bilingüe, a los niños de ascendencia mexicana en una escuela del sur de Phoenix —en lugar de hacerlo con solo los anglosajones de Scottsdale, la zona residencial por excelencia.

En contraste, la graduación de Ryan fue menos aparatosa. Estudiante típico de clase media, de beca en beca, préstamo en préstamo y trabajos los veranos, invirtió únicamente en la toga y birrete. Luego aceptó le tomaron las fotos de rigor y conservó una convencional postura de graduado sin intención de romper esquemas. Después regresaría en bicicleta a su departamento, solitario, pensando en su próximo empleo, subempleo o desempleo porque tiene que cubrir la deuda de más diez mil dólares que ya le debe al banco.

Su situación semeja mucho a la nuestra si se trata de medir la intensidad del sacrificio. Pero en fin, de todos modos nosotros los latinos fuimos los mimados: oficialmente nos celebraron de forma doble. La primera en el centro de actividades —donde ondeó la bandera electrónica y Kevin no encestó lo suficiente— y la otra en "El Mercado", así en español, un edificio construido por la comunidad mexicoamericana para instalar sus negocios y preservar sus raíces. Aquí, y con el honor de contar de nuevo con Mr. Coors, José Ronstadt, pariente directo de la cantante Linda y gerente del canal 33 de la cadena Univisión, habló, en los dos idiomas, a cerca de 200 graduados de origen hispano. A chicanos, caribeños, centro y sudamericanos y uno que otro estudiante mexicano "auténtico", les recordó no olvidar históricamente de dónde vienen; también les pidió comprometerse con las comunidades latinas a fin de que refuercen una identidad que a veces no se sabe si aumenta o se debilita.

Sin embargo, y haciendo a un lado las celebraciones oficiales, la "raza" explotaba por celebrar urgentemente en la casa original o familiar. Así, del "Mercado" partieron rápidamente hacia al sur de Phoenix, a Yuma, a San Luis, a Somerton, a Nogales o hasta Caborca cargando las magníficas ventajas y responsabilidades de haber obtenido el flamante diploma. En el trayecto, y antes de cruzar la frontera, recibieron un excéntrico "regalo de graduación": la noticia de que cualquier extranjero en auto podía cruzar más fácil, ¡menos nosotros, los mexicanos!, graduados o no graduados, con título o sin título de ciudadanía o de herencia, quienes deberían de hacer un papeleo más complicado, costoso y engorroso… Te sonríes ante esta irónica paradoja de las leyes fronterizas porque de cualquier manera tú ya estás en Hermosillo para seguir el festejo interminable de graduarse a cada instante de la universidad de la vida...

Manuel Murrieta Saldívar

EJERCICIO:

VERBOS REGULARES E IRREGULARES
Repasa por favor en qué consiste un verbo irregular. Ahora selecciona en esta lectura seis verbos conjugados. Analiza su raíz y explica si son regulares o irregulares.

_____   _____   _____

_____   _____   _____

CUESTIONARIO

COMPRENSIÓN. Contesta las siguientes preguntas en oraciones completas:

1. ¿Qué evento se está llevando a cabo ese día en la universidad?

2. Describe los sentimientos del autor en ese momento.

3. ¿A dónde fue invitado el profesor de español y qué ocurrió allí?

4. Menciona algunos detalles de la celebración doble de los hispanos. ¿Qué sucedió en "El Mercado"?

ANÁLISIS. En parejas, respondan a las siguientes preguntas:

1. ¿Cuál es el tema principal de este relato?

2. ¿Qué tiene que ver el título con la trama de la historia?

3. ¿Qué opinas sobre la situación de Ryan? ¿Te identificas con él o conoces a alguien en la misma situación?

4. Comenta la "irónica paradoja" que se menciona al final de la historia

CAPÍTULO III
VIAJEROS QUIZÁ SIN UN REGRESO

¡ORANGES, PEANUTS, GRAPES AND BANANAS, MARCHANTITO!

La noche que abandonó quizá definitivamente el horizonte de volcanes en Puebla, Mario Salgado jamás imaginó encontrarse vendiendo fruta debajo de una terrible autopista angelina. Desde hacía tiempo deseaba acariciar los dólares. Para conseguirlos, la primera vez atravesó los valles de Mexicali y luego se cubrió de tierra "gringa" en una granja de Fresno, California. Ahí tuvo la oportunidad de palpar la provocativa tersura de los billetes verdes que tienen descontrolado al mundo. Pero la eterna "migra" lo lanzó al sur de una frontera herida y ya, en tierra mexicana, rescató su insistencia volviendo de nuevo a brincarse el cerco. El Servicio de Inmigración y Naturalización norteamericano, infinitamente burlado, lo devolvió dos veces más: ahora espera que lo haga de nuevo, orillado a vender frutas a la salida del "freeway" Santa Mónica, por las calles 17 y Los Ángeles.

Usted lo ve e imaginará que fue transportado de forma surrealista desde un puesto de "marías" del confuso Distrito Federal porque, en plena área metropolitana angelina —ya no muy distinta a la de la capital mexicana— se dedica a vender su producto abiertamente. Y lo hace tan despreocupado de su situación de indocumentado que ya ni se acongoja porque lo deporten: "Me vuelvo a brincar y ya. ¡Cuál miedo"! En ocasiones ofrece "¡oranges, peanuts, grapes and bananas!", en lugar de "¡naranjas, cacahuates, uvas y plátanos!" en un atrevimiento lingüístico surgido ante la urgencia de la necesidad. Pero en casos extremos, alternativas de la imperfecta pronunciación, le basta solo con mostrar la bolsa conteniendo la fruta para convencer así al veloz automovilista que obligadamente hace "stop" manejando su corvete, mazda o bmw.

Es una desgracia que Mario Salgado no trabaje por su cuenta. Aunque es posible verlo solitario en plena faena, sus ganancias dependen de Roberto, el eterno "patrón" oportunista. Tan se limita a una mera relación laboral en desventaja que Mario ni siquiera conoce el apellido de su jefe. Sin embargo, constantemente tiene presente el 30 por ciento de comisión que le pertenece como fruto de su sudor moreno, sus gritos bilingües y sus carreras asfálticas. En el fondo, influencias de la filosofía yanqui del "self made man", desearía no depender de nadie, por supuesto. "Pero no tengo carro pa'moverme". Entonces, agotada ya su búsqueda de otra fuente de trabajo, el tranquilo Mario, a fin de abaratar gastos de la sobrevivencia, se ha unido a otros nueve mexicanos, salvadoreños y sabe de dónde más. Todos ellos sirven también

Manuel Murrieta Saldívar

al abusado patrón Roberto que corrió con mejor suerte porque sí tiene auto: puede recoger a sus empleados, comprarles la fruta fresca en la Central Street, distribuirlos bajo autopistas y esquinas estratégicas del área metropolitana de Los Ángeles. También se sobrepone ante ellos porque les supervisa el curso de las ventas, checa desde su auto esos puestos fugaces y reúne la fruta que sobró previa recolección de sus ganancias. Al final de la jornada, devuelve a "sus" trabajadores "más o menos bien pagados" hacia sus pobres lechos donde pernoctan junto al miedo de no poder juntar divisas al siguiente día porque "quién sabe qué pueda ocurrir..."

Mario tiene rasgos indígenas. Posible sea otomí o mazahua, él no lo sabe, ignora su pasado de grandeza, más grande quizá que el país extranjero en el cual se le explota. Cuando dejó su historia breve de 26 años de edad en un pueblo cercano a San Martín Texmelucan, Puebla, tuvo obligadamente que deshacerse de los apegos a su monte de volcanes, praderas, flores amarillas y templadas. Tuvo que acallar el natural sentimiento hacia sus once hermanos, hacia la madre y el padre con quien, antes de los aguaceros del verano, colocaba los granos de maíz entre la tierra ingenua. Y a la vuelta de unos meses, cosechaba elotes y calmaba el llanto del hambre dentro de la hollinada cocina de su casa de adobe, de paja y de magueyes en el patio. Pero como "sus" terrenos nunca dieron frutos en abundancia, hubo entonces que repetir el caso de otros hombres que han cruzado la línea del norte durante décadas. Le "pudo" mucho: tuvo también que abandonar a su amor.

Los primeros tanteos de Mario para emplearse en Los Ángeles, fueron dentro de las empolvadas fábricas de costura, donde el quejido de su destino fue opacado por el constante ruido de las agujas automáticas que horadan la tela de la ropa que visten muchas pieles blancas. Planchaba y bandeaba. ¡Ay los dólares! La faena

VOCABULARIO

1. **Marchantito**	comprador en un mercado popular, comerciante, negociante	7. **Abaratar**	rebajar, disminuir
2. **Palpar**	tocar, tentar	8. **Lechos**	camas
3. **Tersura**	suavidad	9. **Pernoctan**	pasan la noche
4. **Surrealista**	Movimiento Surrealista, absurdamente, sin sentido	10. **Tanteos**	intentos, pruebas
5. **Acongoja**	entristece, angustia	11. **Horadando**	agujereando, perforando
6. **Faena**	ocupación, trabajo	12. **Bandeaba**	se las ingeniaba para satisfacer sus necesidades
		13. **Mandamases**	patrones, jefes
		14. **Enjambre**	multitud, cantidad

Manuel Murrieta Saldívar

a cumplir en ese entonces era de entre diez a doce horas diarias de labor dentro de una factoría oxidada de la que no recuerda ya su nombre pero que está "por las calles Glendale y Alvarado". Luego decidió abandonar el repiqueteo de las máquinas de coser por inconveniencia física. Cuando salió de ahí por vez última, pesaba unos kilos menos y dentro de las bolsas de su usado pantalón descansaban tan solo unos cuatro o cinco billetes norteamericanos susceptibles de usarse mientras descubría el nuevo empleo…Y sí, lo encontró como vendedor de frutas bajo el "freeway".

A Mario Salgado no le agrada Estados Unidos. ¿Que si qué hace aquí? "Estoy por necesidad". Punto. A pesar de que cursó hasta el quinto grado de primaria, la experiencia le ha forjado una idea de este su país de adopción obligada donde los "mandamases y su gente aparentemente concuerdan bien con las leyes". Sin embargo, ellos "ayudan más a los animales, a las mascotas, que hasta baños les tienen", cosa que le molesta porque supone que si es difícil que pueda vivir un ser humano, "no entiendo cómo un animal lo haga y les den tanto lujo. Si lo importante somos nosotros".

Sí, nosotros, ellos, esos clientes que compran las naranjas, la gente de varias razas que baja de la autopista e intercambia por fruta esos billetes esmeraldas con los que Mario sobrevive en su cuartucho de la Brooklyn y San Luis. Ahí, diariamente, se levanta en soledad, a las cinco de la mañana, a las seis, a las siete, a las ocho está ya el patrón Roberto aventándolo a su esquina laboral, la esquina que le ofrece lentamente un pequeño capital monetario y de esperanza. Lo que sea, ganar lo que sea, sí, pero lo suficiente para que Mario se deleite otra vez con su horizonte poblano de volcanes, de flores y praderas, rescatar ese amor estancado que puede reunir familias pero que por mientras se contamina entre el seductor y trágico enjambre del smog angelino…

Cholula, Puebla

EJERCICIO:

A VER VS. HABER
Repasa la diferencia entre "a ver" y "haber". ¿Puedes ahora hacer preguntas sobre esta lectura usando cada uno de estos verbos? Escribe también una oración opinando con "a ver" y "haber".

CUESTIONARIO

COMPRENSIÓN. Contesta las siguientes preguntas en oraciones completas:

1. ¿Quién es el personaje principal y dónde toma lugar esta historia?

2. ¿A qué se dedica Mario? Menciona los lugares donde ha estado y las razones de su constante movimiento.

3. ¿Por qué no puede Mario trabajar por su cuenta? ¿Qué hacía para reducir sus gastos?

4. Describe el primer trabajo de Mario al llegar a este país. ¿Por qué abandonó ese trabajo?

ANÁLISIS. En parejas, respondan a las siguientes preguntas:

1. ¿Qué quiere decir la frase "se cubrió de tierra gringa"?

2. Explica la razón de que Mario a veces ofrece la fruta en español y otras en inglés?

3. ¿Qué opinas del trato del "patrón oportunista"?

4. ¿Cúal es el tema principal de este relato? ¿Qué mensaje nos quiere dar el autor?

UN VIAJE PRODIGIOSO CON PASOS DE DOS MUNDOS

Siempre quisiste hacer un viaje prodigioso y ahora que te pregunto a dónde has ido me respondes con pasos de dos mundos. Me enteré que te fugaste un tiempo hacia la China Comunista pero en aquel entonces yo no supe de ti, ni de tu origen oriental, aunque las cicatrices e insignias de tu barrio las traías muy marcadas y debí conocerte desde mucho antes.

Me respondiste que allá te acordaste de tu origen y de tus ancestros, que tu mirada de ojos rasgados te confundía con la cara amarilla de esas gentes del otro lado de la Tierra. Por eso, al fin, entendí tu apodo: el "Chino" Silva, así es como te decían y escuchabas tu nombre en varios rumbos.

Y ya en la China, resonaba el eco de tu boca, a veces de llanto, a veces de sonrisa, cuando durante las noches te entraba la nostalgia bajo las sábanas que quizá eran de seda tejida por manos comunistas. Aunque probablemente no... porque a ti mejor te interesaba estar inmerso en infinidad de reflexiones, ya gemías, ya explorabas, ya acumulabas signos, signos y más signos de ese alfabeto ideográfico, coleccionista al fin de pensamientos y grafías sin fronteras.

Un mes, un año y hasta dos te sumergiste entre murallas y pagodas, lejos de nuestra pared regionalista que no cesa. Aquí en el norte mexicano, tú sabes, muy pocos supieron de tu ausencia, no te reconocían ni extrañaban.

Pero es natural, uno quiere conocer a las personas que hacen grandes cosas, así que apenas a tu regreso muchos comprendimos un fondo distinto de tu vida. Fue así que descubrí que no solo eras ese investigador que se dedica a hacer referencias bibliográficas en los libros de historia y de las letras, o ese maestro que con su palabra pedagógica transforma mentes en el salón de escuela...eras también, pues, un viajero satisfecho, venido ya muy transformado al experimentar un sistema social alternativo.

De todos modos, si te querían o no estando tú allá, muy pocos se atrevieron a llamarte, se molestaron a escribirte o mucho menos te hicieron una visita. Es decir, la extrañeza por ti no fue para tanto, máxime cuando la envidia y la miopía no dejan que uno se escape hacia sus sueños. Fuiste feliz y estás conforme, ya lo sé. No necesitaste casi a nadie y por lo tanto eras indiferente a sus olvidos conscientes e inconscientes, me dijiste, así me lo dijiste.

Sin embargo, y por supuesto, libertad inmensa y sin lamentaciones, fue mucho mejor el disfrute del viaje. El jefe Mao Tse Tung, ¿lo escribes ahora con signos chinos?, ese líder con su librito rojo, todavía es dueño de las plazas y hay dinámicas estatuas que lo encarnan sin cansancio. Y tú no le temiste como lo hicieron antes nuestros gene-

Manuel Murrieta Saldívar

rales, ingenieros y hasta sacerdotes que viajaron hacia la nación roja antes que tú…y después escribieron sus memorias pero parar al comunismo. Tú no, fuiste feliz sin la melancolía de los cielos.

Tú no, Carlos Silva, tú regresaste considerando sin miedo que el futuro de la humanidad bien puede ser el retorno a la "comunidad primitiva", al socialismo científico, en un grado superior de evolución, tal y como lo pronostican los filósofos que quieren transformar la realidad. No anduviste, pues, con las indecisiones de otros siglos haciendo discursos para la defensa y vigencia de consignas individualistas, reducidas.

Entonces, una aventura prolongada en la República Popular China es tan encantadora que hasta purificó tus posiciones y no volviste transformado en socialista porque ya lo habías sido desde antes, desde mucho antes, así me lo decías, recuerdo bien que así me lo decías…

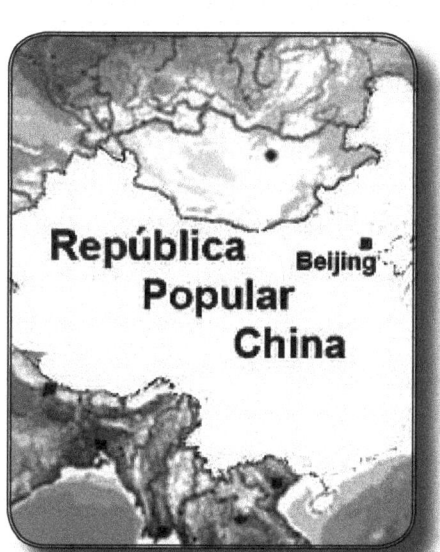

VOCABULARIO

1. **Prodigioso**	maravilloso, extraordinario	7. **Muralla**	pared, muro, fortificación
2. **Insignias**	señales, símbolos	8. **Pedagógica**	didáctica, educativa, relativo a la enseñanza
3. **Inmerso**	metido, sumergido		
4. **Grafías**	escrituras, letras	9. **Consignas**	lema, slogan, mensaje político
5. **Vigencias**	validez		
6. **Stalin**	apellido de un líder comunista de la URSS	10. **Comunidad primitiva**	antiguo sistema social

EJERCICIO:

PRETÉRITO

¿Puedes localizar verbos en pretérito? ¡Cuidado!, no confundir con el imperfecto…localiza tres en la lectura y luego conviértelos al infinitivo.

_____ _____ _____

CUESTIONARIO

COMPRENSIÓN. Contesta las siguientes preguntas en oraciones completas:
1. ¿A quién se dirige el autor en este relato?

2. ¿Dónde se lleva a cabo esta historia?

3. ¿Cúal era el próposito de ese viaje y cúal fue su duración?

ANÁLISIS. En parejas, respondan a las siguientes preguntas:
1. En tu opinión, ¿Qué significa el título de la historia y cómo lo relacionas con ella?

2. ¿Qué quiere decir "...el futuro de esta humanidad bien puede ser el retorno a la comunidad primitiva..."?

3. ¿Cúal crees tú que sea la idea principal de esta crónica?

LA ÚLTIMA CARTA DESDE OREGON

Repentinamente la amistad brotó mientras pedíamos "aventón" frente al edificio del Museo. Su inconfundible rostro de viajero encerrado mostró ahí el enfado de su diaria rutina y el aprisionamiento de las quietas horas en la escuela. El casi eterno viento caliente de Hermosillo removía su cabellera roja y las hojas de los cuadernos cuando el "pic-ap" de un conductor caritativo nos transportaba hacia el siguiente semáforo del bulevar Transversal. Durante el trayecto, comprendimos la causa de haber hecho simpatía tan de repente: nuestra afinidad de sangre viajera un tanto reprimida y el descubrimiento de que vivíamos por los mismos rumbos.

Esta naciente amistad se fue reforzando en accidentales encuentros callejeros y en las visitas fantasmales que Rubén realizaba a mi casa casualmente situada a pocas cuadras de la suya. Sin embargo, las distancias físicas se acortaron más pronto de lo previsto por nadie; pronto hubo una mínima separación que permitió celebrar una amigable relación sin importar ya jamás lo que nos apartara. En la inevitable avanzada de los días, captamos felizmente que no solo nos identificamos por nuestro percibido olor a viajero, sino también por otras facetas de nuestra irregular personalidad la cual, poderosamente, se desarrollaba hacia su asentamiento definitivo.

Así, fuimos inconscientemente descubriéndonos. Pronto mostraría Rubén una urgente necesidad de convivir y comunicarse más seguido con muchachos de similares gustos y condiciones. Brotó así una apremiante relación que se extendió hacia los demás amigos quienes lo recibían sin contratiempos, sin penosas pruebas o cuestionamientos.

Poco a poco reveló quién era... A veces un aprendiz de dibujante a lápiz con infinitas imágenes por plasmar en cualquier hoja. Un fanático de "Los Beatles" pasado de moda pero fiel a esa música del rock naciente. Un intento de "chico sano" orillado a experimentar siquiera con cerveza o con algún estimulante que invadiera su voluntad. Un indeciso joven buscador de futuro en alguna universidad pero sin saber aún qué estudiar. Un muchacho aventurero que decide olvidarse de las aulas para rascar su sobrevivencia desde ahorita. Un adolescente descuidado que no atrae a ninguna chava por no ser tan simpático, tan caballeroso, tan carismático o por no conducir un auto en el bulevar. Un "me caes muy gordo, ya no te aguanto, por qué no te vas". Uno confundido entre la abundancia general de la ciudad, sin ninguna opción real de vida y decidido a alejarse de ella para experimentar en otras urbes y a ver qué sale.

Un cálido amigo conflictivo que intenta solidarizarse con sus semejantes, pero a la vez busca su vocación personal para practicarla hasta el cansancio de los días...

Manuel Murrieta Saldívar

Fuimos, pues, conociendo a Rubén. Sin pensarlo, lo tuvimos tan cerca que no me di cuenta de que se hizo más amigo que otros amigos más antiguos. Durante las vacaciones de verano lo veíamos sonreír deliciosamente en algún paraje serrano, o en la playa más cercana, que escogiéramos para olvidarnos del mundo. Salíamos en bicicleta los fines de semana para saborear las calles de la ciudad que finalmente nos llevaban hacia algún lugar indefinido. Nos divertimos con sus ingenuas bromas o con los trazos primerizos de sus dibujos tenues. Creo que nadie lo confesó pero su insistente presencia llegó a preocuparnos, cuestionándole que se apoyaba mucho en los demás para organizar su vida. Él respondió tranquilamente que "tal vez" y fue entonces cuando comenzó a mirar más lejos...

Cuando lo expulsaron de la escuela por "contradecir una orden de la Dirección", decidió dominar el inglés, dedicarse más al dibujo, conocer otros países, no tenerle miedo a su madre y madurar más pronto...aunque nunca dejó de sonreír. Sin perder los lazos amistosos, Rubén ahora abandonaba en solitario la ciudad, fiel a su interés de aventurero en libertad. Durante sus regresos, nos llovía con sus asombros, con sus anécdotas de la travesía realizada en lugares cercanos pero desconocidos. La mañana que partió hacia La Paz, Baja California, solo llevaba dinero para tres o cuatro días, pero le alcanzó para dos semanas de viaje. Y no solo recorrió la península sino también parte del estado de Sinaloa hasta ingresar de nuevo a Sonora a través de la sierra chihuahuense. Fue cuando trajo sangre nueva, una agenda repleta de direcciones de amigos del camino y una cara desgastada con esas facciones que muestran la inminente madurez. Pero también transmitía una helada seriedad por haber tomado decisiones irrevocables.

Desafortunadamente, como suele ocurrir, algunos de sus sueños se contradecían con la realidad de afuera. Y se iniciaron otra vez las preocupaciones. Rubén bajó a las calles con ojos distintos, caminaba con las manos metidas en las bolsas del pantalón de mezclilla, con su cabeza agachada y pateando en ocasiones la basura de las banquetas. Durábamos semanas sin verle y cuando esporádicamente lo hacíamos, platicábamos pero solo para consolarnos. En ocasiones mostraba interés por los demás, por los desposeídos y marginados, pero solo lo hacía verbalmente, nada en los hechos. Y la decisión familiar que le exigió ponerse a trabajar no le molestó demasiado, pero sí le pesó porque retrasaría sus "planes".

Así, Rubén inició su trabajo de mesero nocturno en una taquería de la avenida "Rosales"; y durante las mañanas avanzaba con el idioma inglés. Al mismo tiempo, removía en

VOCABULARIO

1.	**Aventón**	pedir que alguien te lleve a cierto lugar en auto	7. **Chico sano**	joven descente, bien portado
2.	**Solemne**	impresionante, serio	8. **Pic ap**	del ingles pick up, camioneta
3.	**Paraje**	sitio, lugar		
4.	**Inminentes**	cercanas, próximas	9. **Trazos**	líneas, rayas, rasgos
5.	**Irrevocables**	definitivas, decididas	10. **Mudanza**	Traslado, cambio de residencia, alteración
6.	**Enajenado**	que ha perdido la razón		

su cabeza la idea de un viaje muy ambicioso o el eterno regreso a continuar los estudios. En tanto se definía, la economía de su familia se quebrantó aún más, a tal grado que se vieron en la necesidad de trasladarse hacia el sur del país para recibir el auxilio de otros parientes. Pero fue una resolución contradicha por Rubén quien, precavidamente, ya se había puesto en contacto con un amigo norteamericano a quien le solicitaba apoyo y orientación para perfeccionar el idioma anglosajón y, por supuesto, conocer lo más que se pudiera los Estados Unidos. La madre, ya instalada después de la aparatosa mudanza, lloró de felicidad no exenta de tristeza cuando aceptó desde lejos la decisión del hijo.

Luego de unos cuantos meses de intenso trabajo, de horas extras y ahorros, Rubén pudo reunir los pobres pesos mexicanos necesarios para el viaje y soñó de nuevo al sentir cada vez más cercano el día de la partida. A la edad de veinte años, sin experiencia alguna, sin visa de ingreso, sin brújula y sin compañía, cruzó nervioso e inquieto la frontera de Nogales. A la vuelta de los días arribó a Portland, Oregon a bordo de un autobús "Greyhound". Durante el siguiente otoño e invierno, enviaba sus noticias: una carta incluye un recorte periodístico de un famoso pitcher de Sonora; otra narra el increíble mundo del adolescente norteamericano envuelto en drogas; una más menciona de un enamoramiento, luego describe la espectacular escuela de idiomas y un viaje en "aventón" a Canadá. Finalmente exclama su patética nostalgia y extrañeza por México en una última carta recibida hace ya varios años... desde entonces, nadie sabe más de él...

EJERCICIO:

GERUNDIO
Por favor, selecciona tres verbos de la lectura, conviértelos al infinitivo y finalmente transfórmalos en gerundio.

_____   _____   _____

_____   _____   _____

_____   _____   _____

Manuel Murrieta Saldívar

CUESTIONARIO

COMPRENSIÓN. Contesta las siguientes preguntas en oraciones completas:

1. *¿Quién es el personaje principal y dónde toma lugar esta historia?*

2. *¿Cómo surgió la amistad entre los personajes? ¿Qué tenían en común?*

3. *Menciona tres de las descripciones que más te llamen la atención sobre Rubén.*

4. *¿Qué causó que Rubén abandonara la ciudad? ¿Cuáles son algunas de las cosas que pensaba hacer? ¿A dónde se fue Rubén ultimadamente y con qué própósito?*

ANÁLISIS. En parejas, respondan a las siguientes preguntas:

1. *¿Cuál es la trama de esta historia?*

2. *¿Qué mensaje aprendemos de esta lectura?*

3. *¿Qué opinas del medio de comunicación elegido por Rubén para mandar sus noticias a México? ¿Por qué crees que después de varios años sus cartas desaparecieron?*

QUEDARSE EN TUCSÓN SIN DUDA ALGUNA

I

Obligados por la vejez y deslumbrados por el "American way of life", don José y doña Mary viajaban con frecuencia a la flamante Tucsón, Arizona con intenciones de emigrar. No les importaba ya dejar atrás una debilitada mexicanidad y décadas de tristezas y alegrías personales y familiares.

En su última salida de varios meses, los vecinos de su casa en Hermosillo empezaron a notar un deterioro. La vivienda era cada vez más fantasmal, fría y empolvada, incluso comenzaron a salir ratas hacia las residencias contiguas. En tanto, la pareja continuaba su prolongada estancia en el país del norte como huéspedes de su única hija quien recordaba apenas su origen e infancia hermosillenses. Debido a esta larga ausencia, parientes y amigos en México empezaron a preocuparse y hasta acudían al barrio de don José y Mary a preguntar sobre su destino; y recibían una acostumbrada respuesta: "Todavía no regresan de Tucsón", retirándose entonces con incredulidad. Había quienes ya aseguraban que jamás volverían aunque su vivienda se estuviera resquebrajando como la economía mexicana.

Las salidas del matrimonio hacia el norte era una costumbre tan arraigada que cuando no se realizaba durante un largo período, las amigas de doña Mary, sin poder controlarse, le preguntaban muy corteses pero con cierta ironía: "¿No van a ir a Tucsón ahora?". Pero siempre, tarde o temprano y al menor pretexto, partían sin remedio. Al retornar de esos largos paseos, cargaban la tradicional mercancía extranjera —deseada a veces con desesperación— y parecían haber sido aleccionados por las costumbres estadunidenses. Don José inclusive hablaba ya un español con acento anglo, sobre todo cuando se atrevía a insultar a "los mecsicanos" y a sus gobiernos de cualquier nivel. En cambio, exageraba aún más la acentuación adquirida cuando halagaba al país vecino: "no aprenden a los norteamericanos, todo tienen funcionando bien". Y luego daba una serie de ejemplos para cerrar la charla con el clásico dicho: "cruzando la frontera, hasta parece que los cerros son más verdes..."

Antes de partir para esta última estancia, en su ansiedad y desesperación olvidaron encargar a alguien que pagara los recibos del agua y electricidad y echara un cuidado esporádico a la casa. Tenían viviendo

Manuel Murrieta Saldívar

allí más de dos décadas, verdaderos pioneros del fraccionamiento cuando apenas emergía del olvido urbano. Era la época cuando los plebes jugaban a "las encantadas" y se tiraban con terrones sacados de la calle porque el pavimento había llegado solo hasta la avenida "Rosales". Desde entonces se sentían diferentes, de tal manera que al avanzar los años empezaron a mostrar cierto desdén hacia los vecinos, sobre todo a los que no consideraban dignos de su clase social, amistando con lo más selecto. Así, no veían con buenos ojos que su pequeña hija jugara al "bote robado", saliera al monte a conocer cachoras o se juntara con nosotros, como en secreto, para ver coloridas mojarras y beber agua sin química en el arroyuelo cubierto hoy de asfalto.

Al parecer esas constantes salidas a "los tucsones", bajo el pretexto de "ver a mi hija", llevada allá por su misterioso marido, hizo que lentamente se olvidaran de su origen: la relación profunda, no exenta de ciertas alegrías, de José y Mary con el vecindario se fue desvaneciendo como en Estados Unidos sucedía con sus costumbres mexicanas.

II

Hasta que cierto día regresaron finalmente de Tucsón después de una estadía de cinco meses, pero lo hicieron por última vez... No se conmocionaron tanto cuando descubrieron el deterioro de su residencia y de que ya estaba cortado el servicio de agua y electricidad. Además, notaron que la hierba abundante protegía a millones de insectos, las cercas de metal estaban desvencijadas y la celosía roja del porche estaba cubierta totalmente de polvo. Al interior, notaron que la estufa de gas no encendía, las cucarachas se habían adueñado de la cocina y el excremento de ratas y moscas aparecía sobre pisos y mesas. El vecindario los recibió con cierta indiferencia, aunque algunas madres sensibles acudieron a darles la bienvenida y a informarles de lo acontecido durante su ausencia.

Mary y José reportaban, para sorpresa general, que solo venían para poner su vivienda en venta con cuyas ganancias se instalarían en definitiva en los Estados Unidos. También ofertarían al mejor postor los muebles que habían quedado en buenas condiciones. Y comenzaron de inmediato: "aquí hay un pequeño librero, a buen precio", decían en su español cada vez más marcado con el acento inglés. Así, poco a poco se deshicieron de la repisa, de los sillones, mesas y cortineros que ofrecieron sin siquiera anunciarlos en los clasificados del periódico.

Fue una labor larga y tediosa, sin saberse exactamente a cuánto había ascendido el monto de las ventas. Lo cierto fue que José y Mary exhibían una estampa de seres cansados, con sus cuerpos desgastados y la piel cada vez más arrugada. Parecían transmitir solo un deseo: mudarse para siempre al "otro lado" para lo cual "ya tenemos quien nos ayude". La esposa, para autoconvencerse, comentaba con las señoras las bondades de aquel país, que todo es mejor allá, tanta actividad que "no andará José de ocioso, yéndose a los parques a mirar las parejas como lo hacía aquí". El marido insistía, sin sospechar que ya provocaba malestar, que lo que sobra en Tucsón es trabajo, "van dos que me ofrecen—repetía con orgullo triunfalista—uno como chofer en un carrito de la nieve y otro en los recolectores de basura". Como sea, el caso era estar allá. Y no escuchaba a quien lo contradijera, "¿cómo,

STUDENT EDITION // EDICIÓN ESCOLAR   DE VIAJE EN MEXAMÉRICA

VOCABULARIO

1. **Contiguas**   vecinas, próximas
2. **Fugazmente**   brevemente, rápidamente
3. **Resquebrajando** fracturando, agrietando
4. **Arraigada**   acostumbrada, fija
5. **Aleccionados**   instruidos, adiestrados
6. **Esporádico**   de vez en cuando
7. **Pioneros**   fundadores, exploradores
8. **Terrones**   pedazos de tierra
9. **Desdén**   desprecio, indiferencia
10. **Mojarras**   peces ovalados de color oscuro
11. **Conmocionaron** impresionaron, emocionaron
12. **Celosía**   decoración arquitectónica, reja, persiana
13. **Refunfuñaba**   renegaba, rezongaba
14. **Cachora**   lagartija pequeña

dejar atrás toda una vida?", él se imponía y refunfuñaba: "allá no es como aquí, que si tienes más de 50 años ya no te dan trabajo".

Incluso, ante la inminencia de tocar su sueño, durante los trámites de vender su hogar y los preparativos de la partida definitiva, don José consiguió un segundo aire, parecía haber recuperado cierta estabilidad, guiaba feliz el viejo volkswagen verde, se vestía bien y hasta tuvo tiempo para distraerse sin visitar los parques. Mientras tanto, la esposa envejecía pero más lentamente, como protegida aún por esa residencia que después abandonaría, ilusionada con la idea fija de estar junto a la hija, con los nietos del futuro, apapachándolos sin límites y en aquel imán de ciudad arizonense.

Entre esas fantasías e impulsos renovados, y mientras se deshacían de todas sus propiedades, dejaron morir los días hasta que maduró en la práctica el plan de la partida irreversible. Cuando abandonaron la casa y el barrio para siempre, iban en el auto con placas norteamericanas de la hija. Solo una o dos madres cálidas, vecinas inmediatas, los divisaron pero sin tiempo para las despedidas.

Al instante de descubrirse la noticia, algunos jóvenes imaginaron ya a los nuevos inquilinos que debían de incluir a muchachas atractivas; los niños de los alrededores, los vendedores de periódicos y verduleros ambulantes nunca supieron de esta historia mientras dos cuerpos con sangre mexicana comenzaron a desintegrarse entre el olvido y anonimato norteamericano en un viaje sin retorno que ambos países, la ciudad y la colonia nunca lo resintieron...

EJERCICIO:

HOMÓFONOS

¿Recuerdas la definición de homófonos?...Bien, ahora encuentra al menos dos homófonos en la lectura y escribe una oración completa con cada uno de sus significados.

Manuel Murrieta Saldívar

CUESTIONARIO

COMPRENSIÓN. Contesta las siguientes preguntas en oraciones completas:

1. ¿Quiénes son los personajes principales de este relato?

2. ¿Cuál era la razón de la pareja para viajar a Tucsón tan seguido?

3. ¿Qué fue ocurriendo con Don José después de tantas visitas al extranjero?

4. ¿Qué pasó la última vez que regresaron a su casa?

5. ¿Cómo reaccionó la gente de la comunidad de Don José y su esposa al enterarse de su partida definitiva?

ANÁLISIS. En parejas, respondan a las siguientes preguntas:

1. Antes de comenzar a leer, ¿Qué nos dice el título sobre el tema de la crónica?

2. ¿Por qué crees que la pareja fue perdiendo el interés por su casa y sus relaciones con sus vecinos mexicanos? ¿Se te hace familiar este comportamiento entre inmigrantes que se mudan a este país?

3. En tu opinión, ¿qué se puede hacer para evitar que los hispanos de los EE.UU. nos olvidemos de nuestras raíces y nuestra lengua nativa? ¿Qué se puede aprender de la triste realidad narrada en esta historia?

¡TRUCHA CON LOS CHIVAS!

Luego de años de vagabundear solitario fuera del hogar familiar, José Luis López fue atrapado por la policía durante una redada celebrada a las dos de la mañana en las polvosas calles del barrio "Ley 57". Después de corretearlo, junto a otros chavos indefensos y bajo sospecha de fumar la "yerba verde", los oficiales lo encontraron refugiado y acuclillado, casi en posición fetal, dentro de una casucha habitada también de pura soledad.

Al amanecer de ese día que no quiere recordar, lo aprisionaron de nuevo, más cómodamente, en los espacios fétidos y oscuros de la comandancia. Ahí quedó internado a riesgo del olvido o de su suerte, sin la esperanza de recibir un veredicto a cargo de un juez que lo salve...o lo condene. Nadie sabía entonces qué hacer con él, pero el instinto de José Luis fue de cautela cuando miró las caras semi iluminadas de sus colegas de prisión. Asustado, estudió también las cicatrices de los policías e imaginó ansioso quién podría salvarlo de lo que se convertía ya en una escalofriante situación.

Sabía que no lo esperaban allá afuera: entre la multitud de la ciudad nadie lo reconocería y quienes podían hacerlo lo habían olvidado quizá desde su nacimiento. Él no lo dijo pero prácticamente lo estaban tratando como a un joven muerto o uno que se ha perdido para siempre. Entonces se resignó, se aferró a los barrotes cubiertos de ese sudor, de esa mugre acumulada por el paso de miles de "delincuentes menores" quienes, como él, sostienen las penas, la paciencia y las manos en ese negro metal oxidado. Pudo haberse preguntado "¿qué hago?". No lo hizo. ¿Para qué?... Su vida dependía ahora del capricho y la fuerza del departamento policiaco que en algún momento, de días o minutos, iba a decidir qué hacer con ese joven errante y rechazado.

Durante su encarcelamiento, por una necesidad incontenible, hubo de dialogar, sostener pláticas aunque fueran inconclusas, romper el hielo repetidamente con los distintos presos quienes escuchaban sin oír ese recurrente tema de crisis familiares y de marginación social que padecía. Los compas de redada que confiados y sonrientes esperaban a un familiar para ser rescatados, escucharon a José Luis con oídos obligados, y muy de prisa, porque poco a poco salían liberados a continuar afuera otro tipo de realidad aprisionante. A medida que dejaban la celda, José Luis en cambio captaba el crecimiento de un vacío y reprimía el deseo de comunicar su historia. Buscaba así quién lo reconfortara con una mínima dosis de atención. Hasta que se quedó hablando solo aunque pudo narrar algunos capítulos de su historia a los espectros infinitos de esa mazmorra helada.

Por ejemplo, les dijo que su destino de vagabundo inició junto con su madre y padrastro cuando se despidieron de las minas de Ca-

Manuel Murrieta Saldívar

nanea, Sonora, para pronto aparecer arrojados en la marginación urbana de la capital. Contó que a unos cuantos días de instalarse empezó a recibir los golpes de la realidad de su padrastro: manguerazos o cintarazos eran las técnicas pedagógicas para educarlo con eficiencia. Lo que en verdad ocurría, y eso no lo dijo, es que así marcaban en su piel los gérmenes del vagabundo, del desprendimiento familiar, que no se sabe aún su desenlace. Mencionó también, un tanto amoroso, el dolor que significó desligarse de la madre y cómo hizo desaparecer al padrastro de su pensamiento. Supo pues que el momento de tomar la decisión del abandono, fue un instante de suprema felicidad al experimentar una libertad sin límites que de inmediato quiso aprovechar.

Durante una noche se escapó del remedo de casa que habitaban cuando aún no cumplía ni siquiera una decena de años. El mundo entonces se hizo mucho más grande y sin ninguna duda quiso abarcarlo todo y sin cansancio. Primero viajó hacia los parques públicos, como el "Jardín Juárez", para bolear y vender chicles, pipitorias y dulces juntándose con otros infantes que tampoco iban a la escuela, habían abandonado también a los parientes y se enfrentaban solos a la dureza de una vida como adultos. Pronto supo, sin ningún tipo de romanticismos, que todos renegaban y ansiaban que concluyera su niñez lo más rápido posible a fin de poder trabajar, no importa que fuera como gente grande, en lo que dejara más dinero.

Luego maduraría, viajaría a otras edades. Súbitamente miró su pequeño bigote reflejado en los escaparates de los centros comerciales y escuchó su voz ya ronca, inequívocas señales que le aconsejaban dejar el cajón de limpieza de calzado, el cartón de chicles y golosinas, para buscar ganancias abundantes. Corrió con suerte: un trabajador de la construcción le ofreció labor de ayudante de albañil. Pero no soportó...su aspiración era más fuerte.

Después descubriría, inevitablemente, su olfato aventurero. Se trepó en el tren carguero para saber lo que temblaba al otro lado de los cerros; se conmovió con las flores amarillas que adornaban los lados de la vía y supo de la existencia de una frontera, que había otro país. Pensó en cruzar pero mejor bajó hacia el sur a descubrir el mar peninsular, el que está junto al desierto, ¡el mar por vez primera!, en las playas de Puerto Peñasco. En sus andanzas se involucró en la labor de mecánica y carrocería en Magdalena de Kino, villa edificada a las orillas de una rivera que enverdecía al verano.

Entonces pudo ya comprar, tranquilamente, vestimenta y comida y gozar de los primeros pasos de ser autosuficiente. Captó también el crecimiento de su cerebro y que aún persistían en su interior ciertos sentimientos universales: la imagen de su madre no lo dejaba en paz, era una sensación helada y caliente a la altura del pecho; fue cuando buscó entonces una especie de reconciliación empezando por enviarle porciones de su salario. Además, en uno de esos parajes silvestres, disfrutó el deleite del amor cuando surcaba velozmente los 17 años de edad.

Fue un trabajar y trabajar en donde fuera, hasta sentirse preparado

para algo, el reencuentro con la familia quizá o realizar otros viajes, hasta que ya, ahora y por mientras, rentó ese cuartito de lámina negra en las orillas de la "Ley 57". Ahí olvidaba, recordaba, se alejaba definitivamente o se acercaba al seno familiar en medio de novedosas travesías y compañías humanas y de las otras... compañías compradas en éste y otros barrios abandonados, probándolas para sentirse más a gusto y alegre, fumándolas, consumiéndolas cuando se le "prende el foco" o cuando arrecia la exigencia de la sobrevivencia porque no alcanza para las tres comidas, para la ropa o para el cine. Y acompaña sus viajes con música de rock, con Queen, AC-CD, Beatles, Rolling Stones, Rod Stewart, pero nunca con música en español porque es un sonido "muy fresita y no me pasa".

Pero no importa qué ritmos y qué humos eran los que circulaban cuando el arribo intempestivo de la fuerza pública violando su cuartucho. Tampoco se supo cuánto tiempo estuvo consignado en la comandancia hasta colmarles la paciencia a los oficiales quienes, al resignarse que nadie lo reclamaría, lo remitieron no hacia la libertad, sino al Centro de Orientación para Menores. Ahí se encuentra ahora, ahí soporta un desesperado encierro que lo amortigua con las escapadas a la pequeña biblioteca, ahí sueña con ser ingeniero mientras trata de perdonar a los familiares que no han querido venir "por mí para sacarme, Aí te le´chas", le dijeron. Ahí imagina lo que habrá de hacer a la salida, como rentar otra casita, protegerla ahora con rejas y candados para, al menor peligro policial, y con ese miedo que ya lo ha marcado, gritarle, advertirle desde ahí a la humanidad: "¡Pónganse trucha con los chivas!"...

VOCABULARIO

1. **Trucha** — tipo de pez; palabra que también se usa para decir "cuidado"
2. **Razzia** — redada, detención
3. **Fétidos** — apestosos, malolientes
4. **Presidio** — cárcel, prisión
5. **Errante** — que anda de un lado a otro sin rumbo fijo
6. **Espectros** — fantasmas, apariciones
7. **Incrustados** — introducidos, metidos
8. **Reatas** — cuerdas, sogas
9. **Escaparates** — vitrinas, aparadores
10. **Incandescente** — ardiente, encendido
11. **Arrecia** — aumenta, crece
12. **Intempestivo** — inesperado, inconveniente
13. **Compas** — de compadre, compañero, amigo
14. **Chivas** — policías, fuerzas del orden

Manuel Murrieta Saldívar

CUESTIONARIO

COMPRENSIÓN. Contesta las siguientes preguntas en oraciones completas:
1. ¿Quién es el personaje principal de esta historia?

2. ¿Qué situación estaba enfrentando el joven al principio del relato?

3. Describe lo que hacía José durante su encarcelamiento.

4. ¿Por qué escapó José de su casa cuando tenía menos de diez años?

5. Menciona tres cosas que hizo José después de escaparse de su casa.

ANÁLISIS. En parejas, respondan a las siguientes preguntas:
1. ¿Qué opinas de las "técnicas pedagógicas" que fueron utilizadas en la educación de José?

2. ¿Cómo crees que afectaron esas "técnicas" al destino de José?

3. ¿Qué quiere decir para ti la frase "viajaría a otras edades"?

4. ¿Qué entiendes por la última frase "¡Pónganse trucha con los chivas...!" que es también el título de la crónica?

5. ¿Qué mensaje resalta en esta historia? ¿Qué aprendiste al leer sobre lo que vivió José?

EJERCICIO:

Selecciona por favor tres oraciones completas de la lectura. Subraya el complemento directo en cada una de ellas. Finalmente aplica el pronombre del complemento directo para que la oración sea más corta.

_____
_____
_____

CAPÍTULO IV
VISITANTES EN LA CULTURA DE LA CARNE ASADA...

MONSIEUR FOUERE, EMBAJADOR FEMINISTA

El diplomático francés Erwan Fouere bajó del auto oficial, se iluminó su barba de capitán conquistador y apareció junto al gobernador de Sonora quien era recibido por las funcionarias de cultura. Y también por Frida Hartz, una fotógrafa especializada en retratar mujeres quien, a pesar de su nombre extranjero, mostraba un delicado perfil mestizo mexicano. Ella era el motivo de la reunión y por eso también la más fotografiada al presidir la ceremonia en plan triunfante la noche de un ocho de agosto. Sir Fouere fue anunciado, pidió permiso al gobernador y cortésmente se separó de la comitiva y de las damas culturales que resguardaban el edificio de la Casa de la Cultura. También se distanció brevemente de las vestimentas vistosas, de los perfumes de altura hasta que finalmente se encontró solo frente al micrófono.

Estaba en el centro de la explanada cuando míster Fouere inició la lectura de su discurso de apenas dos cuartillas—mayúsculas sin acentos en máquina IBM: se descubrió entonces que hablaba un español afrancesado ofreciendo un mensaje semi eurocentrista con tintes paternales. Frente al mandatario estatal Rodolfo Félix Valdez, aún nuestro representante, el señor Fouere se puso feminista, criticó en eufemismos que somos "profundamente machistas" pero nadie, casi nadie lo notó a pesar de que tenía razón. En cambio en Europa, la situación de la mujer y el respeto por el principio de igualdad, "se ha convertido en uno de los temas prioritarios", dijo para contrastar pero muy pocos lo descubrieron.

Ya no era el enviado del eximperio español, francés o inglés, sino de todos a la vez: Monsieur Fouere hablaba así, sofisticado, vanguardista, protector, porque venía representando en México a la Comunidad Económica Europea (CEE), el bloque cultural más poderoso del mundo, "cuna del pensamiento occidental" como dice el lugar común. Así, a pesar de su poder plenipotenciario, se había fijado doblemente en nosotros, en los débiles: estaba aquí, en Hermosillo, en la provincia fronteriza y abogando por el sexo femenino, para inaugurar por cuarta vez —después del Distrito Federal, Chiapas y Tlaxcala— una muestra fotográfica convocada por la CEE sobre mujeres del "Tercer Mundo" con aspiraciones al primero.

***

La historia de Federico Bonillas es aún menos importante, pero clave para la mía. De rostro indígena, baja estatura, mirada veloz, se desenvolvía como encargado de prensa del embajador y por lo tanto yo no me le despegaría. Veamos...Además de las fotocopias del discurso, portaba unos folletos de lujo que reseñaban la muestra fotográfica destinados para los invitados especiales. Y siempre, siempre vigilaba cada uno de los movimientos de Fouere a su paso por el enjambre de periodistas y reporteros. Fue entonces que me acerqué e hicimos un trato: Bonillas me concertaría una entrevista exclusiva con don Erwan, me entregaría un sobrante del fachoso folleto—yo nunca fui un invitado especial—pero si lo alcanzaba en la habitación 322 del Holiday Inn después de los protocolos. Ah, también intercambiamos nuestros faxes para el envío de materiales.

Todo eso pactamos antes de que llegara la confusión y la sorpresa: la comitiva veía, raramente miraba, las imágenes fotográficas de la exhibición, Sir Fouere descendía ya a segundo término y no era tan importante gracias a la jerarquía del señor gobernador. También, feministas o no hacíamos labor social, restablecíamos contactos muertos por el dolor del tiempo y la distancia; dos o tres artistas "malditos" esperaban la distribución del vino blanco mientras que Frida Hartz se convertía en una simple mortal. ¿Y el público?...bueno, cierto público no comprendió que en otra sala de la Casa de la Cultura, sin gobernador o embajador, se inauguraba simultáneamente, de seguro para ahorrar presupuesto, la exposición pictórica "Línea y Marcha" del artista Patricio Caro.

Entonces volví a observar lo inobservable: una pléyade de reporteros de la nueva "fuente cultural" pero con escasez de curricula— diría alguna vez el doctor en letras Darío Galaviz— habían atrapado al mandatario Félix Valdez haciéndole preguntas tan directas y concretas que carecían de contexto. Se conformaba así una nota de prensa que hizo efímera historia cultural porque obligaron al gobernador disertar sobre temas espontáneos e inconexos como la ciudad de Constantinopla, heredera del mundo griego y romano; o sobre el instituto sonorense de cultura, creado por él mismo, que podría ser un fracaso desmoronando, por ejemplo, el esfuerzo de vocaciones despertadas con los "talleres itinerantes". Pero fue una agradable indecisión, un placentero descuido, que la amenaza de plumas, grabadoras y libretas no acosaran en masa al embajador Fouere.

***

La eficiencia de Federico Bonillas se descubrió minutos después cuando puso frente a mí la amabilidad diplomática del embajador feminista, ¡en exclusiva le podía hacer una entrevista!, aunque "brevemente porque ya va de salida". Ante la premura, mi mecanismo intelectual aceleró las preguntas y el señor Fouere recordó, cuando le pregunté su significado, que "la cultura" es fundamental para la comunicación y la comprensión del pensamiento de los pueblos. Alarmado, le hice la pregunta sobre el riesgo que podría sufrir México ante la entrada del tratado de libre comercio y recomendó lo recomendable: fortalecer la identidad nacional y proteger la diversidad cultural. Reconoció, lo que no fue para mí una novedad, la riqueza artística y folklórica mexicana con lo indígena formando parte viva y activa, "y no como objetos de museo".

Me atreví entonces, como si yo fuera un conquistado, un colonizado, preguntarle sobre el quinto centenario del encuentro y desencuentro de dos mundos y contestó, como si ahora él fuera un antiguo conquistador, con una respuesta evasiva: "la cumbre internacional celebrada recientemente en Guadalajara demostró el respeto mutuo y el diálogo entre los dos continentes", el europeo y el americano. Y, como ya no son amenaza y les escasea el oro, comentó que los indígenas deben preservarse porque son la identidad de América. Sobre su feminismo implícito solamente agregó que la muestra fotográfica es un ejemplo para fomentar el esfuerzo de las mujeres latinoamericanas por defender sus derechos.

El ajetreo hizo que sir Fouere se integrara rápido a la comitiva ya a la salida del edificio, Félix Valdez salía totalmente cuestionado por los chicos y chicas de la prensa y la galería con sus fotos estaba cada vez más solitaria. Al final noté que los artistas "malditos" iban ya en su cuarto trago gratuito, que las feministas entraban y salían analizando la muestra de inmediato mientras que yo me quedaba sin el folleto de lujo, aquél que me habían prometido, no porque no sobraran, sino porque Federico Bonillas se quedó esperándome para siempre en el Holiday Inn a donde nunca acudí porque estaba seguro que ya me había olvidado...

VOCABULARIO

1. **Embajador** — agente diplomático que representa oficialmente, en un país extranjero, a su gobierno.
2. **Presidir** — gobernar, dirigir, mandar
3. **Comitiva** — gente que va acompañando a alguien
4. **Explanada** — espacio de terreno plano
5. **Cuartillas** — hojas de papel
6. **Machistas** — los que ven a la mujer como inferior al hombre
7. **Plenipotenciario** — embajador, diplomático
8. **Reseñaban** — describían, resumían
9. **Enjambre** — muchedumbre, multitud
10. **Concertaría** — acordaría, convendría
11. **Fachoso** — ridículo, extravagante
12. **Pléyade** — conjunto, generación
13. **Folklórica** — típica, tradicional
14. **Ajetreo** — movimiento

EJERCICIO:

COMPLEMENTO INDIRECTO
Para identificar a la persona o ser animado que funciona como complemento indirecto se pregunta al verbo: "¿a quién o a quiénes?" y se sustituye por LE o LES. Ejemplo: Ella regaló un libro a mi hijo > Ella LE regaló un libro. ¿Puedes escoger tres oraciones en este relato y hacer este ejercicio?

_____ _____

_____ _____

_____ _____

CUESTIONARIO

COMPRENSIÓN. Contesta las siguientes preguntas en oraciones completas:
1. ¿Quién es Erwan Fouere y qué hacía en ese lugar el ocho de agosto?

2. ¿Quién es Frida Hartz? Descríbela y explica lo que ocasionaba en la ceremonia.

3. ¿Cúal era la posición de Fouere sobre el lugar de las mujeres?

4. ¿Quién es Federico Bonillas y qué acordó con el narrador?

5. Menciona dos cosas de las que se hablaron en la entrevista de Fouere.

ANÁLISIS. En parejas, respondan a las siguientes preguntas:
1. Analiza el tema central de la historia. ¿Cúales son los puntos principales?

2. ¿De qué manera demuestra Erwan su posición feminista en el transcurso del relato?

3. ¿Qué importancia crees que tenga Frida Hartz en ese lugar? ¿Por qué crees que se incluye en la narración?

4. ¿A qué se refiere el autor cuando usa la palabra "malditos" para describir a los artistas?

5. ¿Qué harías tú en el lugar del autor para tratar de obtener una entrevista con el personaje principal de esta historia? ¿Qué le preguntarías al embajador feminista?

ACTUAR EN TEATRO ES COMO HACER EL AMOR

La llegada del actor Héctor Bonilla a la ciudad resultó tan hermética como el monólogo que interpretó en el pequeño teatro del Museo de Sonora. Sin embargo, su visita para mí iba a ser tan reveladora como un encuentro no deseado y largamente pospuesto. Tenía noción de él por su actuación en películas un tanto efímeras, cuyos títulos muy pocos los recuerdan, o porque durante mis visitas al Distrito Federal acostumbraba, en la Zona Rosa o en áreas residenciales, imaginar el regocijante encuentro con una estrella artística. Así, por ejemplo, mi ingenuidad de adolescente soñaba en la aparición, casual e intempestiva, de algún famoso como Bonilla, solícito y dispuesto a estrechar saludos, firmar autógrafos al provinciano curioso, impactado por la cercanía de un ser mitificado por las pantallas gigantes o pequeñas.

Por supuesto, el encuentro nunca sucedió allá, sino que se daría aquí, sin nadie proponérselo, lustros y lustros más tarde aunque sin el entusiasmo de los primeros días. Mientras sucedía, el paso de los años, es decir, la aparición de otros ídolos nacionales o extranjeros, el gusto por nuevas manifestaciones de vida y de cultura, o simplemente la indiferencia, colocaron a Bonilla en la galería del olvido, en posición de desinterés por sus inicios o por su desenvolvimiento. Así, ocasionalmente y en un supermercado, se podía uno topar con la portada de la revista frívola mostrando en un recuadro el rostro barbado del actor; o aparecía en las páginas interiores acompañado por su esposa en el jardín familiar.

Manuel Murrieta Saldívar

De repente, ya en los 1980's tardíos, lo vi de reojo en los comerciales de televisión ataviado de turista playero, preparando un licuado tropical y alcohólico para beneplácito de chicas bellas; ver así a Héctor Bonilla disgustó quizá a algunas madres porque el galán caballeroso, centrado, se degradaba a un simple cantinero de lujo que rayaba en la estupidez, pensarían otras. Pero desde el extranjero, como en Arizona o California, esos comerciales no resultaron tan deprimentes porque cualquier imagen proveniente del México original resultaba un confort regocijante y esperado: don Héctor, pues, se apreciaba como folklor de exportación para aliviar un instante la soledad y la nostalgia. Hasta que fue más gratificante escuchar, aquí y allá, la existencia de un filme que revolucionaba el cine mexicano, muestra de la apertura del sistema para la libertad de expresión artística: *Rojo amanecer* rompía con el tabú oficial de la masacre estudiantil de 1968 y, sorprendentemente, revelaba masivamente la faceta vanguardista de Bonilla. Aparecía en el film muy distinto al anuncio, personificando a un padre comprensible, haciendo un esfuerzo por escuchar las ilusiones políticas de sus hijos, protector y solidario al punto que también acaba víctima del poder. Más recientemente, el porte varonil y seductor iba a resurgir insistente para reforzar su figura versátil: actuaba casi a diario como amante de la aún apetecible actriz Christian Bach en la telenovela *Atrapada*.

Pero su eclecticismo actoral no concluía aquí porque todavía hace unos días la ciudad lo hospedó casi en secreto, no para firmar autógrafos en exclusiva bajo el embrujo de Televisa, ni para proponernos consumir bebidas exóticas. Venía a presentar la clásica obra teatral *Sobre el daño que hace el tabaco* de nada más y nada

Imagen del póster promocional

menos que del médico y dramaturgo ruso Anton Chéjov; es un monólogo que Bonilla lo ha hecho durante más de veinte años, pero muy pocos lo presenciaron aquí porque no tuvo mucha promoción. Sin embargo, esta caracterización resultó otra agradable sorpresa: Héctor es también un experto, polifacético y experimentado actor del teatro serio.

Antes de esta actuación, y cuando se supo que brindaría una conferencia de prensa, fugazmente confluyeron en mí todas estas visiones sueltas y contradictorias de su desarrollo como artista que he descrito líneas arriba. Pronto iban a convertirse en mis únicas armas y referencias para cuajar frente a él alguna pregunta digna. Cuando apareció en el lobby del hotel frente a los "periodistas de espectáculos", me

VOCABULARIO

1. **Hermética** — incomprensible, oculta
2. **Noción** — conocimiento, idea
3. **Efímeras** — que duran poco
4. **Regocijante** — alegre
5. **Ingenuidad** — inocencia, sinceridad
6. **Solícito** — atento, servicial
7. **Lustros** — espacios de cinco años
8. **Barbado** — peludo, velludo
9. **Beneplácito** — aceptación, permiso
10. **Polifacético** — que tiene varios aspectos o actitudes
11. **Confluyeron** — se reunieron, se concentraron
12. **Algarabía** griterío alboroto
13. **Trajín** — esfuerzo, agitación
14. **Retazos** — fragmentos
15. **Tajantemente** — secamente, de forma determinante

invadió una especie de decepción porque no surgió aquella sospechada sensación de algarabía y admiración que se supone brota cuando se está frente a una estrella. Y no se sentiría jamás. Sería porque Bonilla arribó sin exhibicionismos ni excentricidades, enfundado solo en una sencilla ropa casual; sería porque la ciudad ya estaba acostumbrada a recibir frecuentemente a la pléyade de ídolos de moda. O era que, en definitiva, la experiencia rutinaria, el trajín de las vivencias y lecturas hacían en mí una operación desmitificadora hacia quien antes se consideró una estrella y ahora se miraba como a un simple mortal que lucha por sobrevivir en el teatro del mundo.

No obstante, la conjunción de esta novedosa visión que ya tenía en frente más el recuerdo de su trayectoria, iban a ser útiles para atreverme a conformar una pregunta clave, o irreverente, entre la seriedad incómoda de los funcionarios de cultura que también estaban presentes junto con el exceso de solemnidad y formalismo de la prensa cultural que lo esperaba. Todo estaba, pues, preparado. Quizá por mi desesperación de rescatar el placer que significa toparse con una estrella, por encontrar una explicación a sus mezclas artísticas o por permitir que mi intuición diseñara una pregunta sentida, no una forzada o impuesta por el medio, traslucí un sencillo pero provocativo cuestionamiento dado el potencial de respuestas que implicaba, y entonces le pregunté, así, tuteándole, sin permiso:

— ¿Te consideras una estrella?...

En efecto, ¡había dado resultado! Tras mostrar interés por la pregunta, su respuesta me negó, otra vez, el goce que se supone siente el fan que reverencia al ídolo cuando está frente a él. Simple y sencillamente lo dijo, lo confesó y repitió que NO lo era, así, tajantemente, que no era una estrella, vaya, ni siquiera cuando es actor para la televisión del "Canal de las estrellas". NO soy una estrella de televisión, aclaraba, porque serlo te prostituye, te limita, andas siempre con prisas, uno sale ahí porque es el medio de comunicación histórico que nos tocó vivir, y hay que hacerlo lo mejor posible o no hacer nada, pero no soy una estrella...

En cambio el cine— siguió explicando ya sin mi intervención—es más atractivo porque respeta la creación, existe mayor disponibilidad de tiempo y capacidad de corregirse. Pero fue al hablar de teatro cuando profundizó, se extendió y reflexionó como un experto intelectual; se le captó más auténtico y más humano, más cariñoso e interesado por el género, es decir, menos estrella. Intempestivamente reveló que actuar en vivo, frente al público, tenerlo ahí cerca del escenario, es cada vez que lo hace una experiencia inesperada, novedosa, cálida, gozosa, irrepetible, "¡es como hacer el amor!"... acabó diciendo todo. Entonces comprendí en definitiva por qué nunca se reconocía como estrella, atrapado él en esa fría, aislante y artificial celda del cristal televisivo, sin hacer pareja en vivo con la gente...

Imagen del cartel oficial

EJERCICIO:

REPASO DE ACENTOS
Selecciona en la lectura seis palabras acentuadas y explíqua por qué llevan acentos.

CUESTIONARIO

COMPRENSIÓN. Contesta las siguientes preguntas en oraciones completas:

1. *¿Quién es el personaje principal de la historia y dónde se encontraba?*

2. *¿Para qué fue a ese lugar? ¿Cuál era su profesión?*

3. *¿Qué fue lo que le ocurrió al actor a través de los años?*

4. *¿Cómo respondió Bonilla a la pregunta "Te consideras una estrella..."?*

5. *¿Cómo describe Bonilla el trabajo en el cine y lo que es actuar en teatro en vivo?*

ANÁLISIS. En parejas, respondan a las siguientes preguntas:

1. *¿Por qué crees que Bonilla fue colocado en la "galería del olvido" como se menciona en la historia?*

2. *¿Cuál es el tema de la historia y qué puntos claves se pueden aprender de ella?*

3. *De acuerdo con el título, ¿Cómo compararías tú "actuar en teatro" y "hacer el amor"?*

CARLOS LICÓN VIAJA ESTÁTICAMENTE

El poeta fronterizo Carlos Licón, viajero de las letras, se estacionaba ahora detrás del pódium. Acomodó sus lentes, no esperó el silencio del auditorio porque ya estaba así, callado y quieto, todo preparado para escuchar las imágenes de su poema ganador *Ponle Victoria*. No obstante haber triunfado ya en otros cinco premios literarios, no supo reaccionar ante los protocolos previos de una entrega—ahora recibía el galardón de los "Juegos Florales Anita Pompa de Trujillo". Pero después ya nunca titubeó y se dedicó a lo suyo brindando una lectura musical:

Yo soy Victoria
natural de no sé dónde y
malvenida a este otro planeta
después del último eclipse

Esta estrofa bastó para acabar de cautivar a la selecta audiencia. Todos denotaban conocer de poesía, escucharon atentos, sin interferencias, envueltos en los derrames metafóricos, en los ritmos y aliteraciones de los versos liberados, frescos como un goce novedoso para los sentidos. Licón lograba así homenajear a la mujer—a cualquier ser humano, como lo sabremos después—esforzándose, sin cursilería antigua, para alejarse del lugar común. Fue por ello que se impuso: había conseguido la atención del funcionario, del operador de sonido, de las mujeres culturales o de las aristócratas amas de casa y, por supuesto, también del crítico exigente. Parecía demandar respeto, que el poeta y su poema lograran un sitio cálido y natural en la aridez e indiferencia de esta región agrícola y ganadera.

No más burla a los poetas, sino placer estético, un triunfo para todos:

Yo soy Victoria triste del polvo
uva en el Ártico
y me desangro con las horas que pasan
como si no tercamente las horas en su gotear apenas

Pero Carlos Licón sí supo reaccionar después de la lectura: se escabulló entre el aire de los aplausos e ingenuamente regresó a su butaca de la primera fila sin percatarse que todas las miradas lo apuntaban, lo señalaban como esperando sus movimientos para saber qué hacer. El público lo invadió. Tuvo que ponerse de pie para aceptar la serie de abrazos, de saludos y de felicitaciones. El poeta emergía como una figura central recibiendo ahora, entre los rescoldos del tiempo y del espacio, el cheque de los tres millones de pesos por parte del funcionario efímero.

Manuel Murrieta Saldívar

VOCABULARIO

1.	**Estáticamente**	fijamente
2.	**Galardón**	premio
3.	**Escabulló**	escapó, marchó
4.	**Butaca**	asiento, silla
5.	**Rescoldos**	restos, brasas
6.	**Oriunda**	originaria
7.	**Asexuales**	sin manifestaciones claras del sexo
8.	**Soberbia**	orgullo, vanidad
9.	**Impostergable**	urgente, inevitable
10.	**Encajonarse**	encerrarse, meterse
11.	**Achacarles**	culparles, acusarles
12.	**Escampa**	aclara, calma
13.	**Abracadabra**	palabra a la que se le atribuyen poderes mágicos
14.	**Recelo**	desconfianza, temor
15.	**Rememoraba**	recordaba
16.	**Cavilaciones**	reflexiones, meditaciones
17.	**Condescendencia**	delicadeza, tolerancia
18.	**Atañe**	importa, afecta

Cuando empezábamos todos a recordar que esa noche era una de octubre, que éramos feroces seres humanos contenidos en el auditorio de la Sociedad Sonorense de Historia, Carlos Licón, en cambio, iba a continuar con la reflexión sobre el significado de esta ceremonia de premiación y de su vocación literaria. Seguir el trayecto irremediable hacia la realidad del exterior, no fue tan cruel si se recordaba su poema melodioso que, por ahora, no podía salir hacia las calles:

Yo soy Victoria
natural del cristal
oriunda del frío que la noche
pone en las ventanas
originaria del rastro de un
latigazo en la sombra

Ya en su intimidad, con uno que otro testigo inoportuno como podría ser yo, consideró que fue terrible haber triunfado porque caía en la polémica de la validez de un premio y lo que hay detrás. "Donde quiera que los premios me sorprendan, bienvenidos sean", intentó explicar. Luego le asaltaría la duda del galardón "Anita Pompa de Trujillo" que le exigió cumplir el requisito de cantarle a la dama. Porque desde tiempo atrás Licón simpatizaba con la creencia de que existe por ahí un espacio donde las formas de sentir, lo que se sabe o se tiene, son de todos, asexuales: "Son esas ganas universales de palpitar, de proyectarse, de hacer y tener luz".

Yo soy Victoria sangre de nube
y no existe en la memoria de los hombres
un solo aguacero que no sea ciudadano de mis ojos

Entonces pensó, no sin cierta soberbia, en los otros poetas del Desierto de Sonora a quienes los percibía estáticos, sin casi haber evolucionado desde que Licón emprendiera, décadas atrás, sus primeros traslados hacia las estratósferas culturales del sur de México cuando le fue absolutamente impostergable escribir. Nunca se imaginó que al abandonar definitivamente Hermosillo y Ciudad Obregón, tierras del primer resplandor, iba a quedar marcado. Lo sabría después sin mucho esfuerzo: durante sus escapadas comprendió la importancia de viajar porque así evitaba desgastarse, encajonarse dentro de una óptica reducida. Porque si eternizaba ese contacto cotidiano con los mismos autores o amistades locales, correría el riesgo de juzgarlos "más por el esfuerzo de crear que por lo propiamente creado", reflexionó alguna vez.

Edificio de la Sociedad Sonorense de Historia

Haber surcado entonces algunas rutas del suelo y de la imaginación, es decir, dejar físicamente el cactus, el atardecer, el cerro de la Campana o el Museo de la universidad, era al mismo tiempo padecer y gozar. Padecer y gozar una lejanía, una distancia útil para aprender de la nostalgia, de las relaciones humanas e incluso de las obras creadas, releídas desde otra perspectiva. Y ahora, a cada regreso a este su terruño fronterizo, detectaba que una gran parte de los escritos y autores del desierto se encontraban así, desiertos, sin haber levantado tanto el vuelo hacia el mapa de las estrellas. [Muchos poetas regionales] "son como un largo poema que se ha venido repitiendo al infinito desde hace muchos, muchos años", meditaba con resignada seguridad. Se atrevió incluso a criticarlos, culparlos, achacarles que en parte habían sido responsables de no permitirle transitar desde la adolescencia literaria hasta la vida real con más conocimiento de causa.

Yo soy a veces y suelo ser Victoria
sobre todo cuando escampa
y me aparezco abracadabra por la casa en la Cañada
abrasada por un recelo de perros y vecinos

Pero ya nada importaba, de todos modos seguía como queriéndolos porque desde viajes atrás —rememoraba con felicidad— localizó en sus manos la voluntad de una salida: para avanzar en las letras tiene uno que esforzarse individualmente, es un asunto a resolver por uno mismo, amar profundamente el oficio... "aquí no hay actividad colectiva que valga", insistió con enojo satisfecho. Carlos Licón realmente deseaba trascender—se dijo a sí mismo—y hubo entonces que practicar la indispensable profesionalización, no en el sentido meramente pragmático de la sobrevivencia, sino más bien resignarse a disfrutar el placer y el esfuerzo de la disciplina, la perseverancia en la escritura y en la lectura.

Esto exigía, además, encontrar la fórmula de cómo asegurar la vida, ahorrar para sus salidas necesarias, el alimento diario, y Licón lo venía haciendo mediante labores adyacentes como, por ejemplo, integrarse al negocio de la música, aceptar ofertas de oficinas de contabilidad o de recintos oficiales del gobierno. Las cavilaciones de este momento lo transportaron después a analizar su posición de poeta frente al mundo, confesando y reconociendo la existencia de otros mundos, pero que es en éste, y no en los otros, donde se verifican y resuelven los acontecimientos.

Al mismo tiempo divagó sobre el interés del artista de comprometerse con alguna causa, decidiendo que no hay por qué excederse en la preocupación o en la condescendencia que abarate, que disminuya, la calidad de la obra. Y concluyó formulando que los artistas trabajan con sensaciones que aún no existen, que su misión es la vigilia, estar alertas, "con las antenas paraditas", porque todo lo que pasa en cualquier parte les atañe ya que son ellos, los artistas, quienes identifican permanentemente a "los demonios que nos habitan".

Carlos Licón se quedó entonces inmóvil, viajando estáticamente dentro de sí, dentro de aquí, mientras afuera la noche y los espectros de la ciudad esperaban sin desearlo el regreso de nuevas sensaciones poéticas extraídas del más reciente viaje de su memoria, la del poeta Licón, y la nuestra, la memoria colectiva:

Yo soy Victoria terca loba de mar
y en el mástil de mis piernas
izo la sábana y soplo
sin prisa soplo tenazmente para propiciar
el golpe de viento que me lleve de aquí.

EJERCICIO:

PRETÉRITO E IMPERFETO
¿Recuerdas que existen dos tiempos del verbo en pasado? Localiza tres oraciones con el verbo en pretérito (pasado) y conviértelas al tiempo imperfecto.

_____   _____

_____   _____

_____   _____

CUESTIONARIO

COMPRENSIÓN. Contesta las siguientes preguntas en oraciones completas:
1. *¿Quién es el personaje principal de esta historia y qué premio recibió por su poema Ponle Victoria? Responde usando tres detalles específicos del primer párrafo.*

2. ¿Quién formaba parte de la audiencia que apreció la lectura del poema ganador? ¿A quién logró cautivar el poeta con esas frases poéticas?

3. Busca la definición de la palabra "aristócrata" ubicada en el segundo párrafo y explica lo que quiere decir en contexto con la oración donde es utilizada.

4. ¿Qué sucedió después de la lectura del poema? ¿Cuánto dinero recibió Licón por su triunfo? ¿En qué mes se llevó a cabo la ceremonia de galardones?

5. Además de ser poeta, ¿Qué otras labores hacía Licón en su vida?

6. ¿Cómo termina la historia de Carlos Licón?

ANÁLISIS. En parejas, respondan a las siguientes preguntas:

1. Según tu opinión, ¿a dónde viaja Licón como dice el título de este relato?

2. Haz un pequeño resumen del poema que se incluye en esta historia. ¿De qué se trata?

3. ¿Qué efecto le da a la lectura el hecho de incluir en sus líneas el poema del cual se habla en ella? ¿Crees que es efectivo o que debería omitirse?

4. ¿Cúal es tu estrofa favorita del poema y por qué?

5. ¿Cúal es el tema central del relato? ¿Te gusta o no la manera en que fue expresado el mensaje de esta historia?

Día Uno
ESCRITORES NORTEÑOS ABANDONAN AULAS Y BOHEMIAS

¿De qué se trata ahora, de qué hablan, quiénes son, de dónde vienen?...Es que literatos representativos del norte de México, junto con similares del Distrito Federal interesados en la región de frontera, abandonaron aulas, bohemias rutinarias y lugares aislados a fin de intercambiar obras y encontrarse en persona por primera vez en Hermosillo, Sonora. Una noche antes, en céntrico bar, habían hablado ya lo suficiente como para entrar en confianza e iniciar las jornadas que se extendieron hasta un sábado 21 de noviembre.

La última devaluación del peso frente al dólar aún causaba sus estragos pero el aire matutino del otoño golpeaba frescamente los vidrios de la planta alta del Colegio de Sonora, sede del evento; traslucían también el símbolo de piedra de la ciudad: el majestuoso Cerro de la Campana aunque, al otro extremo, se reflejaban las frías paredes de los bancos de la avenida Serdán. No obstante, la atención de la mayoría del público se enfocaba en el presídium.

El rector del Colegio, Gerardo Cornejo, después de los protocolos, insistía en que este primer encuentro de narradores, "turistas de la imaginación", era un esfuerzo eminentemente colectivo. Y lo estaba siendo en verdad: al menos tres generaciones de literatos fueron reuniéndose poco a poco en el recinto como fruto del criterio de selección de participantes aplicado por los organizadores. Así, la mirada penetrante del novelista y periodista Abelardo Casanova se asomaba y veía al fondo del auditorio una blanca y luminosa cabellera protegiendo todavía la imaginación de Edmundo Valadés, uno de los primeros escritores nacidos en Sonora que ha trascendido los linderos regionales. Casanova, autor de la novela *Pasos perdidos*, rememorando quizá a los jóvenes personajes de esa obra, observó también la temprana edad literaria de Pascual Mora, Francisco Luna o Raúl Acevedo Savín, escritores locales en gestación.

El Colegio de Sonora

Miguel Méndez

La conjunción de autores era así más productiva. Más estimulante aún la presencia de cierto público sin relación directa con las letras. Caras novedosas buscando cultura e identidad que pueda ser útil para enfrentar la aguda realidad de afuera que amenaza con más inflaciones y falta de salarios. De esta manera, el abandono temporal de las madrigueras académicas e inspiradoras estaba dando resultados. Sí, el estado de Sonora, el norte fronterizo todo, se han alejado de la "cultura de la carne asada" y consolidan una nueva etapa a tal grado que surgían afirmaciones de que el narrador de estas regiones se iguala, ¡y hasta puede superar!, a los del centro del país...

Próximamente, Jesucristo en Sonora

Reapareciendo otra vez en público, la profesora Josefina de Ávila, formadora de críticos y maestros de literatura en la Universidad de Sonora, presentó al analista Vicente Francisco Torres, del D. F., a los investigadores locales del Departamento de Humanidades, Darío Galaviz y Martha Munguía y al escritor chicano de origen sonorense radicado en Tucsón, Arizona, Miguel Méndez. Todos participantes de la mesa titulada "Estado actual del conocimiento sobre la narrativa del norte mexicano". Después de cada exposición — "pueden hacerse preguntas aunque quizá no haya respuestas", se escuchó dos veces—se sucedieron las participaciones del púbico asistente: desde el literato espontáneo y un tanto asistemático hasta el académico más formalista y metódico. Mociones, discusiones y casi todas las modalidades de intercambio y producción de conocimiento verbal callaron al silencio. El Primer Encuentro era ya un éxito y Cornejo, su principal impulsor, sintió una irremediable satisfacción al comentar después, en los pasillos, que los intelectuales de provincia ya no se subordinan ante las "luminarias" del centro.

Así que cuando Francisco Torres concluyó su lectura, ocurrió el primer aplauso, luego un rápido silencio y vinieron las intervenciones... bastaron unos segundos para que la apatía fuera rota por la delgada figura de Ismael Mercado Andrews, escritor y columnista ahora en el *Diario del Yaqui*. Se atrevió a comentar la ausencia de temáticas regionales, "como los húngaros que todavía proyectan películas viejas como si fueran de estreno", y que es "urgente" que los lectores del centro del país conozcan, por ejemplo, la palabra "cooler".

Su curiosidad contrastó con la de un académico preocupado en delimitar qué se entiende como "norte mexicano". Preguntó: "¿Es Zacatecas norte de México...?"...entonces el debate se abrió hasta que hubo el consenso de que el problema no se limita a cuestiones meramente geográficas—"¿Hay un geógrafo aquí?"—dijo De Ávila con ironía, sino que intervienen también varios factores morales, culturales, económicos y sociales que implican la elaboración de estudios profundos. "Este encuentro es un intento de resolver la cuestión", aclaró Josefina, moderadora de la mesa.

Durante el debate, Miguel Méndez reveló la anécdota, a propósito de si hay o no literatura específica norteña, vivida meses atrás con el novelista oriundo de España, don Camilo José

Cela, autor, entre otras obras, de la novela *La colmena*. "Me habló desde Palma de Mallorca a las cinco de la mañana hora de Tucsón pidiéndome que lo acompañara a un recorrido por el desierto Sonora-Arizona. Quería ver el paisaje que ambienta su novela *Cristo contra Arizona* para darle más realismo. Me escribió hace poco diciendo que la obra ya está lista y tiene como base estas regiones y yo me pregunto—concluyó—¿José Cela es norteño...?" y el público se echó a reír.

Buscando nombres de autores sonorenses

Un tanto asombrados por el nivel de calidad de las exposiciones vertidas por Darío Galaviz y Martha Munguía, algunos especialistas del sur de México y de Estados Unidos, y ahora el gran público, reconocieron sin duda que aquí también existen académicos capaces de dominar un aparato teórico-metodológico útil para elaborar el próximo "best seller" de las letras regionales: *La historia social de la literatura sonorense* que vienen realizando investigadores de la Escuela de Letras Hispánicas de la Universidad de Sonora. Pero la sorpresa fue aún más amplia. Los académicos visitantes se enteraron de la gran cantidad—la calidad se investiga—de obra escrita en Sonora o que maneja temáticas de la región.

Como conclusiones preliminares de la investigación que realizan, los ponentes adelantaron que al parecer la mayor parte de los creadores sonorenses reflejan en sus obras un "proyecto estético" impuesto o acorde a la ideología de los poderosos "agro titanes" que continúan controlando la vida en general de la entidad. Solo hasta principios de la década de los setentas—respondieron—comenzó a producirse obra que empieza ya a cuestionar el poder de los magnates del campo, la ganadería, la política y ahora la industria. A la par que surgieron las felicitaciones para Martha y Darío, por sus ponencias "muy maduras, críticas y actualizadas", se gestó un debate que a los pocos minutos exigió, al menos, recibir información elemental sobre las letras de Sonora y de la zona de frontera. Fue entonces que una voz con acento del sur, solicitó por lo menos títulos y nombres de los autores. Y Darío Galaviz contestó de inmediato: "Armida de la Vara, Jesús Antonio Villa, Oscar Monroy, Enriqueta y Ofelia Parodi, Alfonso Iberri, Leo Sandoval"... "¡hay muchos—continuó feliz—muchos, muchos que escriben. Son tantos que hay que decirles que ya

VOCABULARIO

1.	**Literatos**	escritores, autores
2.	**"Deefe"**	manera de referirse al Distrito Federal
3.	**Céntrico**	que está en el centro
4.	**Devaluación**	disminución del valor
5.	**Eminentemente**	distinguidamente
6.	**Gestación**	formación, preparación
7.	**Inflaciones**	aumentos generales de precios
8.	**Madrigueras**	guaridas, refugios
9.	**Mociones**	propuestas, sugerencias
10.	**Luminarias**	personas distinguidas, luces que se ponen en las calles como señal de fiesta
11.	**Delimitar**	definir, determinar
12.	**Consenso**	acuerdo, consentimiento
13.	**Vertidas**	depositadas, derramadas
14.	**Ponentes**	informantes, expositores
15.	**Magnates**	ricos, poderosos
16.	**Cabida**	espacio, capacidad

no lo hagan porque nuestro campo de estudio se está extendiendo más y más!"—terminó bromeando.

El tema recurrente del "compromiso del escritor" y el problema de cómo y dónde publicar entró a discusión. De Ávila, siempre actualizada, aclaró que ahora la problemática se centra en definir qué tipo de compromiso: "¿Con lo político, con lo social, un compromiso regional, o qué?". Y respecto a la edición se reiteró que la dificultad se presenta aún más entre los escritores que cuestionan al "establishment" o "¿es qué—preguntó una voz femenina—estos autores se automarginan?"…Sin poder contenerse otra vez, Oscar Monroy, reconocido escritor de la fronteriza Nogales, rechazó el micrófono destinado para el público y expresó con su voz tronante, contundente e imponente: "¡no hay ningún escritor que se meta a su cuevita para aislarse y marginarse!"… este comentario fue tomado por la audiencia como una respuesta adecuada flotando en el recinto el reconocimiento de que a muchos autores no se les publica porque sus escritos no tienen cabida en ese "proyecto estético ideológico" que directa e indirectamente dictan los poderosos.

Gerardo Cornejo

EJERCICIO:

REFLEXIVOS
Quien hace la acción es quien la recibe. Encuentra en la lectura tres oraciones cuyos verbos los puedas transformar en reflexivos. ¡Es todo un reto!

_____   _____

_____   _____

_____   _____

CUESTIONARIO

COMPRENSIÓN. Contesta las siguientes preguntas en oraciones completas:
1.   ¿En dónde y cuándo se encontraron por primera vez los literatos norteños?

2. ¿Cuántas generaciones de escritores se encontrarían ese día? Menciona el nombre de uno de los primeros escritores sonorenses que trascendió las fronteras y el título de su novela.

3. ¿A qué periódico pertenecía el columnista Andrews y qué se atrevió a comentar después de la lectura de Torres?

4. ¿Qué reveló la investigación sobre las obras de la mayoría de los creadores sonorenses? ¿Qué temas resaltan en sus trabajos?

5. Menciona tres nombres de autores sonorenses. ¿Qué broma se dijo sobre ellos?

6. ¿Por qué dice el autor que a muchos escritores no se les publica?

ANÁLISIS. En parejas, respondan a las siguientes preguntas:

1. ¿Qué quiere decir la frase "...el norte fronterizo todo, se han alejado de la 'cultura de la carne asada'..."?

2. ¿Cuáles fueron algunos de los argumentos discutidos en el debate sobre el "norte mexicano"? Escoge uno de ellos y da tu opinión.

3. ¿Qué crees que es el "compromiso del escritor"?

4. Explica en tus propias palabras lo que quiere decir el título de esta historia.

5. En un breve párrafo o en pocas palabras da un resumen del tema principal de la narración que acabas de leer.

Día Dos
LA REVOLUCIÓN QUE PRODUJO TELÚRICAS LECTURAS

La noche del 19 de noviembre aún quedaban restos del primer día del encuentro de narradores norteños. Las lecturas de textos creativos motivaron al público a compenetrarse en la imaginación de los escritores mientras que los más jóvenes dejaron la timidez y celebraron curiosos un contacto: estudiantes de letras, sociología o comunicación bajaron la escalerilla de madera junto con Edmundo Valadés y lo sentaron, rodeándolo, en un equipal de vaqueta de los instalados en los patios de El Colegio de Sonora. Algún tipo de sabiduría estuvieron absorbiendo porque se quedaron casi hasta las nueve y media de la noche, por ello es probable que surja pronto un nuevo cuento o poema que celebrar.

Después de la primera jornada, también se vio el acecho de los ahora cada vez más periodistas especializados en temas culturales y literarios de los medios locales—tres años atrás ni siquiera hubieran estado aquí. Ya con cierta experiencia, abordaron al escritor sonorense Oscar Monroy aunque después les fue difícil interrumpir su discurso de escritor combatiente del narcotráfico en la franja fronteriza. El vozarrón de Monroy resonó, otra vez, en los arcos inferiores y poco más tarde una soledad oscura cubrió las paredes recordando la algarabía de una fiesta de letras, de viajes y fantasías que algunos no quieren que jamás termine.

Una mirada que era caricia y era zarpazo

Pero la mañana del 20 de noviembre aguardaba más sorpresas. En tanto que la ciudad desviaba el tráfico humano y de autos hacia la ruta de otro desfile conmemorando lo que queda de la Revolución mexicana de 1910, a los salones de El Colegio, en contraste, un pequeño grupo esperaba ya ansioso el intercambio, el análisis, el fluir de lecturas y ponencias. Era necesario apartarse del murmullo de los contingentes revolucionarios que exigían allá afuera una política "más moderna", a fin de descubrir que un encuentro de escritores también provoca intercambios que, por informales, son quizá más humanos. Así, el día de asueto de ese 20 de noviembre trajo también un público nuevo para los narradores y se convirtió inesperadamente en el marco ideal para las lecturas programadas. Mientras las ventanas filtraban el rítmico

Oscar Monrroy

sonido del desfile, los trabajos académicos del autor duranguense Evodio Escalante y de la investigadora de la Universidad de Sonora, Karel Van Horn, rememoraban la gesta revolucionaria al mencionar a Pancho Villa y a una marcha similar pero de noviembre de los años treinta, respectivamente. Escalante, en su ponencia "La política del lenguaje en *Las memorias de Pancho Villa* de Martín Luis Guzmán", subrayó la tesis de que el movimiento armado "cimbró las estructuras estéticas" de la literatura mexicana y planteó la problemática de cómo ser fiel al lenguaje oral de Villa en el discurso de una narración. Por su parte, la ponencia de Karel Van Horn, quien gozaba de su "año sabático" en Indiana, EUA, fue leída en su ausencia por Darío Galaviz comenzando por el largo título: "*Luis es un don Juan* de Enriqueta de Parodi: o el difícil matrimonio entre la literatura y la política". Ya entrado, mencionó que los hollywoodenses personajes de la historia, viendo un desfile de la fecha, hacen una apología de la Revolución y visualizan un prometedor futuro para el pueblo mexicano. La sugestiva y hábil lectura que Galaviz le hizo a Karel, provocó incontrolables impulsos de hilaridad entre la audiencia; de esta manera, al tiempo que se escuchaba afuera la cadencia del desfile, el lector sustituto aprovechaba para dar intensidad a las citas "revolucionarias" de la novela *Luis es un don Juan*. Pero cuando se refería a las escenas románticas de esta historia—la influencia cinematográfica de los años treinta en las letras sonorenses—Galaviz daba mucho más realce a frases textuales como: "era un hombre. Alto, elegante, atrayente. Rostro pálido y negros ojos en que fulgía la admiración en aquellos momentos; ojos que la diseñaron sensualmente, con una mirada que era caricia ... y era zarpazo"... Entonces el público seducido ya por esta lectura sobre un enamoramiento antes audaz, ahora cursi, terminó por destaparse y gozar de la espontaneidad venida desde la voz de Darío. Hasta el más formal y ordenado ponente, como Arturo Pérez de la Universidad de Texas, abandonó su prestigio académico y vació su sonrisa inconteniblemente.

Poetas malditos son amigos

Pero la comunicación humana, al margen del contacto formal y programado, había surgido antes, casi desde el primer día. Se podía ver desde un simple saludo entre antiguos compañeros de universidad, de oficio o de parranda, hasta el intercambio de direcciones, ideas y proyectos literarios. Incluyendo, claro, el cruce de miradas de personalidades excéntricas, "traviesas", como planeando qué hacer fuera del programa oficial. Se daba además el descubrimiento de nuevas investigaciones y sugerencias para conocer la hermosillense vida nocturna, previa compra de "coyotas", aunque fueran tan solo como "souvenirs". Se supo así del inicio y continuidad de publicaciones en Tijuana que reproducen textos de jóvenes autores sonorenses o estudios analíticos sobre diarios locales ya desaparecidos, como el del periódico *Información* a punto ya de concluirse. Asimismo, sucedieron acercamientos entre gente de la prensa, ingenieros y abogados preocupados por la vida cultural y social; saludos entre jóvenes galardonados de premios literarios estatales; poetas "malditos" con miradas de amigos; buscadores de guías y conceptos estéticos y un circular de invitaciones para la primera exposición de poesía de Sonora organizada en la escuela de letras de la Uni-Son según reveló Roque Andrade, uno de sus impulsores.

Darío Galaviz

De esta manera, se rebasaron los formalismos y la literatura salió triunfante para un nuevo golpe contra el aislamiento, el individualismo, la competitividad y el control de los magnates, resaltando la solidaridad y la fraternidad.

El poder y las revisitaciones

Lo telúrico de ese 20 de noviembre en Hermosillo no solo fue la sorpresa general y oficial, cronicada por el locutor Fausto Soto Silva al lado del edificio del Museo, cuando, admirado, aclamó al contingente deportivo de la máxima casa de estudios sonorense, "la Universidad de los hijos de los trabajadores". No, también se dio aquí, durante la lectura de textos en la mesa "La presencia telúrica en la narrativa norteña". Fue el mexicalense Daniel Sada quien capturó a la audiencia con su prosa de crítica social titulada *La cárcel Posma*. El relato plantea la marginación en las ciudades medias de los estados fronterizos del norte y lo sitúa en Torreón, o "donde se cruzan las vías". El novelista Gerardo Cornejo participó después narrando su personal vivencia de intentar un "maquillaje" a la ya clásica novela *La sierra y el viento* para una nueva reedición; confesó, sin embargo, que el retoque le resultó imposible y se convirtió solo en una simple "revisitada". El autor entonces bajó de las alturas convencido de que "ni a la sierra, ni al libro había que tocarlos". La obra quedó entonces igual y vuelve a circular en una nueva edición. La participación de Cornejo levantó por lo menos la telúrica pregunta de hasta dónde un escritor puede hablar él mismo sobre su propia obra. Y como nadie expuso esta cues-

VOCABULARIO

1. **Telúricas** — terrestres, relativas al planeta tierra
2. **Compenetrarse** — entenderse, identificarse, adentrarse
3. **Equipal** — un tipo de silla mexicana
4. **Vaqueta** — cuero, piel de vaca
5. **Acecho** — vigilancia, espera
6. **Vozarrón** — voz muy fuerte y grave
7. **Zarpazo** — golpe dado con la mano o garra
8. **Élite** — minoría destacada en una actividad
9. **Contingentes** — fuerzas militares, conjunto de personas
10. **Asueto** — fiesta, festividad
11. **Cimbró** — movió, hizo vibrar
12. **Año sabático** — año de licencia con sueldo que algunas universidades conceden a su personal cada siete años
13. **Apología** — alabanza, elogio
14. **Hilaridad** — alegría, risa
15. **Cadencia** — ritmo, armonía
16. **Realce** — grandeza, brillo
17. **Parranda** — diversión, fiesta
18. **Excéntricas** — raras, fuera de lo normal
19. **Palpable** — claro, evidente

Daniel Sada

tión, los oídos y la mirada se concentraron en la voz de uno de los escritores más prestigiados que asistieron al encuentro: Rafael Ramírez Heredia, "con 17 libros publicados" y uno más que aparecerá en la editorial Joaquín Mortiz titulado *Los territorios de la tarde*. El cuento, que da nombre a esta obra, es de una prosa fluida manejando el amor y el poder, un tema que recuerda la novelística del dictador latinoamericano. En su caso, podría asociarse con el presidencialismo nacional: "Y entonces no pudo más, estiró la pierna sabiendo que su intuición le decía que con ese movimiento saldría de su abandono pero no fue hasta que ella flexionó el cuerpo, casi se incorporó y fue entonces cuando vio que el hombre nunca iba a abandonar la ventana y que la luz no existía, y ella tampoco, como nadie, ni siquiera los recuerdos estaban en esa casa, lejos de todo un ruideral de seis años", concluyó Ramírez Heredia. Dio permiso así a los aplausos y fin a otra jornada matutina sin aparecer nunca en el escenario un brazo que pidiera una pregunta. No obstante, salieron otras manos, muchas, que iniciaron felicitaciones y la huida rápida a ingerir la vida y los alimentos sin haber afuera ningún festejo revolucionario más que presenciar...

EJERCICIO:

DIACRÍTICOS
¿Cuántos acentos diacríticos puedes localizar en esta lectura? ¿Puedes crear nuevas oraciones con las mismas palabras pero sin el acento diacrítico?

_____   _____   _____

_____   _____   _____

CUESTIONARIO

COMPRENSIÓN. Contesta las siguientes preguntas en oraciones completas:
1.   *¿Cuándo y dónde comienza esta nueva narración encabezada como el "Día dos"?*

2. ¿Por qué se dice que "...probablemente surja pronto un nuevo cuento o poema que celebrar"?

3. ¿Sabes qué se celebra en México el 20 de noviembre? ¿Qué sucedía ese día en El Colegio de acuerdo a esta historia?

4. ¿Qué expuso Escalante en su ponencia "La política del lenguaje en Las memorias de Pancho Villa de Martín Luis Guzmán"?

5. ¿Qué fue lo "telúrico" de ese 20 de noviembre? ¿Quién capturó a la audiencia durante la lectura de textos y por qué?

6. ¿Quién fue uno de los escritores más prestigiados que asistieron al encuentro? Da detalles del porqué de su prestigio.

ANÁLISIS. En parejas, respondan a las siguientes preguntas:

1. En tu opinión, ¿Qué quiere decir la frase "...con una mirada que era caricia... y era zarpazo..."?

2. ¿Por qué crees que el autor ha dividido este relato en varias secciones y les ha dado su propio título? ¿Cuál fue la que te llamó más la atención y por qué?

3. ¿A qué se refiere Cornejo cuando dice que "ni a la sierra, ni al libro había que tocarlos"? ¿Por qué piensas que mencionó eso?

4. ¿Por qué supones que el autor compara la celebración de la Revolución mexicana con el evento de escritores que se llevó a cabo el mismo día?

Día Tres
CARNE ASADA PARA IMPULSAR LAS LETRAS

Para los literatos y público en general nativos del noroeste de México, el espacio iluminado del auditorio "Emiliana de Zubeldía" no les pareció tan extraño. Era el nuevo cobijo para el primer encuentro de narradores del norte que continuaba el sábado 21 de noviembre, recinto que recordaba a los coloquios regionales de literatura que organiza anualmente el Departamento de Humanidades del Alma Mater. Quedaba atrás la antigua casona de El Colegio de Sonora con las puertas cerradas y los pisos sucios por el ajetreo mental y las huellas incansables de escritores y curiosos. Habían quedado familiarizados con el techo de vigas de madera, los panorámicos paisajes urbanos vistos desde los ventanales y, claro, el eficiente servicio de café y refrescos preparados y consumidos adentro mismo del recinto. Y ahora, en este nuevo lugar, sobre todo los literatos fureños, supieron de la prohibición de ingresar al "Zubeldía" con alimento o bebida…y tampoco se les permitía fumar o colocar los pies sobre las butacas. De lo contrario, te descubriría con su luz un poderoso reflector.

Pero quizá tú no te molestaste demasiado y empezaste a reunirte en el umbral para platicar y consumir; luego te introducirías a escuchar el fluido de ponencias e historias de letras a las que ya nos están acostumbrando.

Uno acaba por escribir lo que le da la gana

Adentro, por supuesto, no era un lleno total pero la distribución salteada de la asistencia no era decepcionante. Más bien fue dignificante porque todos estuvimos ahí tan solo por la palabra, hasta parecíamos demasiados acaparando casi la mitad de los asientos. Y como en estos casos la cantidad no importa, sino lo que se piensa y se siente, escuchaste ya la participación de los últimos ponentes de la mesa crítica llamada "Frontera y literatura norteña". Francisco Luna Preciado—conocido también como Paco Luna o Frank Moon— de Humanidades Uni-Son, habló de "La narrativa sonorense: Su espacio y su tiempo" y Fernando García, Universidad de Texas, de "La frontera norte en la novela mexicana". Para entonces, el exceso de confianza acumulada durante las jornadas anteriores provocó que ya no se titubeara para lanzar preguntas. Motivados también por el tema, jamás se vio trabajar tanto al micrófono el cual, de extremo a extremo de la bóveda cuadrada, se movía devorando dudas y respuestas.

VOCABULARIO

1. **Cobijo** — lugar, alojamiento, refugio
2. **Coloquios** — conferencias, debates
3. **Casona** — casa grande y elegante
4. **Vigas** — palos, madera pasa sostener techos
5. **Panorámicas** — grandiosas, extensas
6. **Fuereños** — que no son de ese lugar, vienen de fuera
7. **Umbral** — entrada, porche
8. **Salteada** — discontinuada, brincada
9. **Clausura** — cierre, conclusión
10. **Fomento** — promoción, estímulo
11. **Laureado** — premiado, honrado
12. **Asedio** — acoso, molestia
13. **Proliferación** — multiplicación, reproducción
14. **Cuarteta** — estrofa que cuenta con cuatro versos; conjuto de 4 unidades
15. **Ingerir** — comer, degustar
16. **Estertor** — pena, desconsuelo, jadeo, opresión
17. **Plenaria** — reunión general de una corporación
18. **Colegas** — personas que tienen la misma profesión o actividad
19. **Vado** — paso, cruce
20. **Crudeza** — brusquedad, rudeza

La historia, esta historia cronicada, registrará este momento como el más activo del encuentro hasta el punto de gritar: "¡No!", cuando el moderador sugirió poner fin a la discusión porque urgía la siguiente mesa y la hora de clausura. Por ejemplo, se planteó que existe una considerable obra contemporánea sonorense sin publicar porque no se sujeta de alguna manera al "proyecto estético ideológico" dominante. A ello, un investigador extranjero, previendo que en el futuro quizá requiera de ese material para su estudio, interpretó que pareciera que el actual escritor de Sonora está condenado a ser un desconocido. Luego, solicitó que algún día se le envíe lo poco que se vaya editando mientras que Paco Luna cifró su esperanza porque el encuentro no se quede en puro encuentro, implícitamente exigiendo el fomento de ediciones. Por su parte, Miguel Méndez, el escritor de antepasado sonorense más laureado en el sur estadunidense, manifestó su desconfianza a los críticos ya que con sus opiniones y análisis pueden incluso abortar vocaciones. "Uno mejor acaba por escribir lo que le da la gana porque con tanto asedio de la crítica no puedo darle gusto a todo mundo"…forzadamente pero terminaron aplaudiéndole.

Apareció después un tema complejo de resolver aunque por el momento encontró una sencilla salida. ¿Cuál debería ser el papel del escritor ante la crisis económica y general que vive la sociedad mexicana y latinoamericana?... Mientras que Paco Luna respondía que con crisis o sin ella la función del literato es escribir y escribir, Rafael Ramírez Heredia, autor del maravilloso cuento que leyó el 20 de noviembre y que desde entonces se recuerda, contestó lo mismo pero aún más definitivo: "escribir, sí, con crisis o sin ella, pero los temas de la crisis también pueden escribirse". Se habló tanto que hasta un joven empresario simpatizante de las letras tuvo la formidable iniciativa de intervenir: "en Sonora existe un gran desarrollo productivo pero con un subdesarrollo cultural", recordó. Y responsables han sido también los propios artistas y escritores —continuó— que ahora, con la crisis, se están "proletarizando". Por lo tanto, para encontrar respuestas editoriales y enfrentar problemas comunes, deben unificarse y evitar la proliferación de "tantas capillitas" como autores existen. Ante la crisis, pues, el escritor debe escribir pero también organizarse, pareció proponer.

Sin embargo, hubo necesidad de suspender las participaciones. Las clausuras oficiales no esperan y además faltaban de leer textos creativos la cuarteta sonorense integrada por Margarita Oropeza, Luis Enrique García, Marco Antonio Salazar y Edmundo Valadés a "quien su obra lo presenta mejor que mis palabras", dijo el moderador en turno. Se inventó entonces un receso de minutos aprovechados rápidamente para ingerir las últimas galletas con café o refresco. El descanso dio la oportunidad de reinstalar los signos lingüísticos que atrás del presídium anunciaban el evento. Simbólicamente, como entendiendo, esas letras caídas también recordaban el final de un encuentro que en realidad era por ellas, por las letras, en su honor. Las palabras prosiguieron su fiesta hasta que Valadés las despidió con su último cuento.

Carne asada para que no me olvides

No obstante, faltaba aún el estertor de la sesión plenaria que despertó de nuevo la participación. Quejas, propuestas e informaciones reveladoras junto con felicitaciones al evento fue la despedida académica. Lamentaron algunos que no se dio más acceso a escritores desconocidos y criticaron la presencia de los consagrados porque basta con comprar sus libros para escucharlos. Otros defendieron que la asistencia de ellos es vital porque permite intercambiar en vivo comentarios y dudas. Los visitantes del resto de las entidades norteñas, confesaron su sorpresa por la abundante audiencia registrada durante todas las actividades. "Fue más de lo normal, no estamos acostumbrados a tanto público", elogiaron así a los organizadores. Exigentes analistas se quedaron con la duda e insistieron en la conveniencia de establecer un marco general de lo que se entiende como "narrativa norteña". Se prometían contactos, se daban nombres de revistas, hablaron de interrelaciones permanentes y de extenderse hacia los colegas de la frontera sur. Hubo anuncios de encuentros similares para los próximos años en Tijuana, La Paz o Ciudad Juárez. Luego vino el silencio previo a toda clausura y la voz del rector de la Universidad de Sonora dio el final de este cuento...

Pero la emoción se extendió un poco bajo las ramas llenas de sombra de unos frondosos árboles de "yucatecos", crecidos a lo largo del "Vado del Río", por donde pasaba el agua del río Sonora. Y tras recordarles a los visitantes un poco de historia y de lo típico de aquí, se les sirvió... "¡carne asada!", ese platillo que ayudó a levantar esta cultura norteña antes preocupada en satisfacer solo lo básico del cuerpo y que, ahora, ya se esfuerza por madurar artistas y escritores para no quedarse por siempre en el olvido, confundida, empobrecida espiritualmente, sin que nadie la cuente, sin que nadie diga al tiempo y al espacio que aquí existió con toda su crudeza.

STUDENT EDITION // EDICIÓN ESCOLAR DE VIAJE EN MEXAMÉRICA

EJERCICIO:

EL FUTURO
Selecciona en esta historia tres oraciones en tiempo presente o en pretérito. ¡Ahora conviértelas al futuro!

_____   _____

_____   _____

_____   _____

CUESTIONARIO

COMPRENSIÓN. Contesta las siguientes preguntas en oraciones completas:

1. ¿En qué lugar se llevó a cabo el tercer día del encuentro de narradores del norte y qué día ocurrió?

2. Menciona a los escritores que participaron ese día con sus ponencias. ¿Cuál de ellos es el más premiado en el sur de los Estados Unidos?

3. Explica la razón que dio Méndez al decir que "Uno mejor acaba por escribir lo que le da la gana...".

4. ¿Cuál fue el tema complejo por resolver que surgió en la plática?

5. ¿Qué pasó durante la despedida académica? ¿Qué platillo típico se les presentó a los invitados y a qué ayudó según el autor?

Manuel Murrieta Saldívar

ANÁLISIS. En parejas, respondan a las siguientes preguntas:

1. *¿Qué es lo primero que se te viene a la mente cuando miras el título de esta historia? Después de leerla, ¿cómo relacionas lo que pensaste al principio con el tema real de la narración?*

2. *¿Cuál es tu reacción hacia las propuestas ofrecidas por los escritores para resolver el tema de la crisis económica?*

3. *Después de haber leído las tres crónicas anteriores, ¿Cuál es tu opinión sobre este tipo de reuniones entre escritores? ¿Te gustaría asistir a una de ellas?*

4. *El capítulo cuatro de este libro se titula "Visitantes en la cultura de la carne asada", ¿Por qué piensas que el autor le puso este nombre y dónde se ubica esta cultura mencionada?*

CAPÍTULO V

BREVE INCURSIÓN EN LA REGIÓN POLÍTICA

EL CANDIDATO REGRESA EN PARABÓLICA

A pesar de las extrañas y poderosas antenas parabólicas recibiendo la señal de la TV nacional e internacional, durante la tarde del 28 de noviembre de 1984 fue urgente escalar hasta la punta del cerro "La Sirena", al centro del poblado de Nacozari, Sonora, para sintonizar los aparatos de radio de la Secretaría de Agricultura y Recursos Hidráulicos (SARH). Ahí las autoridades municipales y de los partidos políticos trataban de confirmar muy rápido un rumor venido desde la capital: las ondas notificaban que Rodolfo Emilio Félix Valdez (con "zeta" según consta en acta de nacimiento) "de raza blanca con blanca que nació en este lugar a las cuatro del día 22 de mayo" de 1922, había sido postulado precandidato a gobernador de Sonora por "los tres sectores del PRI". Y entonces se llenó el orgullo...

Nacozari ya no sería solo recordado por su cobre mundial, sus huelgas mineras o por los homenajes al único "héroe blanco" de la humanidad, el inmortal ferrocarrilero Jesús García. Con el nombramiento de Félix Valdez nacía una nueva época y había que prepararse para salir en los medios incluso a nivel nacional:

—Hay que tratar bien a los señores, vienen de la prensa de Hermosillo y pondrán en alto el nombre de este pueblo—comprendió resignado el Presidente Municipal interino, Constantino Romero.

Durante la mañana del jueves 29, la desesperante tranquilidad nacozarense no resentía todavía cambios radicales pero algo se gestaba al interior de casas, residencias y edificios públicos. Las bocas sabían ya qué comentar entre las tazas de café negro, las principiantes temperaturas bajo cero y los hipnotizantes programas nacionales y trasnacionales de los canales parabólicos. Ya entre las nueve y las diez horas, "El Cayo" Uribe se enteró a través del programa "Hoy Mismo" de Televisa. Pocos, muy pocos por el radio, que "casi no se agarra" excepto en la noche y en las partes altas, en tanto que los inalcanzables periódicos hermosillenses se agotaban pronto ante la noticia revelada. Y como en toda situación existen elegidos, el profesor Gonzalo Durazo Ortiz, Presidente del Comité Municipal del Partido Revolucionario Institucional (PRI), fue unos instantes el hombre más agraciado al recibir, desde el centro político de Sonora, llamada telefónica en exclusiva que despejó todos los rumores. Miguel Ángel Murillo, Oficial Mayor del PRI estatal, confirmó la postulación y le giraba instrucciones para el envío de contingentes de bienvenida. A partir de entonces no existieron más opciones. La ruta ya estaba trazada claramente y poco a poco se empezó a festejar a lo grande: ¡Un hijo de Nacozari "va a ser el gobernador!"...

Manuel Murrieta Saldívar

El viernes, el alcalde confiaba en que se registraría una avalancha de enviados de la prensa estatal, "y creo que hasta de México", en su misión de recabar información sobre los paisanos y sobre el terruño de Félix Valdez. Pero los medios nunca llegaron en tropel, solo este cronista y su fotógrafo viajamos tranquilamente y en solitario aprovechando todo para recopilar noticia en exclusiva. Porque el nombre de Nacozari se elevaba—palabra que para algunos significa "zona rica" y para otros en lengua "ópata" se traduce como "loma de nopales"—el alcalde Constantino Romero vio la oportunidad de hacer política con estos "primeros periodistas que llegan". Fue entonces que desde su oficina palacial, tibia ya por el calentón de gas de este invierno del "destape" político, se comunicó con los principales informantes de genealogías y anécdotas del precandidato. Poco después, nombraría al regidor y síndico, Jesús Armando Acevedo Gallego, como nuestro guía oficial para la jornada noticiosa. Mientras tanto, afuera del palacio municipal el pueblo esperaba y esperaba sin ningún tipo de acecho mientras que la secular rutina de la villa era trastocada lentamente.

Salieron cuando se acabó la mina de Pilares

Maestra y directora de la "Academia Comercial Nacozari", Rebeca Tamayo Valdez recordó que su madre platicaba con la prima de la progenitora del precandidato Félix Valdez. "Se llamaba Margarita, trabajó en las oficinas del ferrocarril donde conoció a don Jesús J. Félix y luego luego se casaron", rememora doña Rebeca. "Vivieron por un tiempo por la calle Sonora y después por la avenida Madero". Agregó que doña Margarita era oriunda de Álamos, Sonora y tenía 30 años de edad cuando dio a luz a "Fito", como también se le conoce al precandidato priista que aspira a ser gobernador de Sonora. Su padre, don Jesús, "tenía 33 y era comerciante y oficinista de la minera Moctezuma Cooper Company".

Por su parte, Celina Montaño de Aldana, una ama de casa sexagenaria, hizo memoria y pudo recordar que sus padres "eran muy amigos de la familia Félix". Confesó que existe cierta dificultad en localizar familiares directos del precandidato "porque tanto ellos como casi toda su parentela se retiraron de Nacozari cuando se acabó la mina de Pilares", más o menos en la

década de 1930. Rememoró que la tía, Rosita Valdez de Peraza, hermana de doña Margarita, "fue muy famosa como maestra: sus discípulos se distinguían cuando iban a competir a las escuelas de Hermosillo; allá se quedaban impresionados porque escribían con una letra preciosa que les enseñaba Rosita".

En lo que todos los entrevistados coinciden es que el matrimonio Félix Valdez dejó una buena imagen de "honradez y amabilidad" en Nacozari y que los familiares poco a poco se fueron dispersando por el estado y el resto del país en lugares como Álamos, Navojoa, Mexicali y la Ciudad de México. Ingenuas, simpáticas y tan naturales, otras amas de casa comentaban a nuestro paso por el poblado: "Es muy fácil averiguar más. ¿Por qué no le preguntan a él, y ya?"

Si no la hacemos ahora, ¿pues cuándo?

Una expresión muy esperanzadora para beneficio del pueblo, fue la del propio alcalde: "si no la hacemos en estos seis años, ¿pues cuándo?". Luego, temeroso de comprometerse o demandar demasiado, pidió no publicar esta cita que de todos modos lo hago porque en realidad es totalmente inofensiva. En cambio, habló diestro y fluido cuando transmitió el sentir nacozarense de "orgullo y satisfacción. ¡Y cómo nó, es la primera vez que de Nacozari sale un nominado para ocupar tan alto cargo!". Por ello, aseguró que en la recepción que se la hará al precandidato en Hermosillo, y después durante toda su campaña, la presencia de contingentes de este pueblo "será muy distinguida".

Sin embargo, y como para que el orgullo no se elevara demasiado, hay quienes opinaron que son muy pocos los nacozarenses que en realidad viven aquí. Los inmensos minerales producen la llegada de muchos fuereños, una población flotante que eleva a más de 25 mil los habitantes—diez años atrás eran tan solo unos 3 mil 500. Esta situación, argumentan, influye

para que no se registre un "gran alboroto" ante la postulación de Félix Valdez como lo afirmó Enrique Garza Flores, originario de Hermosillo y abogado en la empresa "Mexicana del Cobre". Pero "el verdadero nacozarense, el de abolengo y arraigo, tiene una satisfacción bastante grande", defienden don Reyes Galaz del Valle, ganadero en pequeño, José Moreno, carnicero y Adolfo Figueroa, el taxista. Los tres coinciden en que hay que sentir mucho gusto, "pues es nuestro paisano".

No lo recuerda claramente pero "lo debí conocer de niño", expresa emocionado Ricardo Uribe Aguayo, de 65 años y fundador de la Galería Histórica de Nacozari. No obstante, sus palabras se exaltan cuando afirma que Félix Valdez será un factor clave para la unificación de los nacozarenses porque "ahorita andamos medio desarrapados". Este historiador aficionado, no desaprovechará la coyuntura del destino porque incluso ya diseñó una especie de plan para crear un Comité Unificador "con vistas a —adivinaron— apoyar decididamente a nuestro precandidato, orgullo del pueblo". Además, no sin cierta osadía, pretenderá impulsar un nuevo distrito electoral con los municipios de Nacozari, Fronteras, Esqueda, Agua Prieta y Naco.

—¿Y qué problemas le gustaría que resolviera si acaso llega a gobernador?— preguntamos precipitadamente. Como ubicándonos, responde:
— En su debido tiempo se lo plantearemos. ¡Espérate tantito, apenas es precandidato!"...

Un changarrero panista es la oposición

Pero no todo es priismo tricolor. La excepción a la regla se llama José Monteros, changarrero en la esquina del mercado municipal nacozarense y, aunque ejidatario de medio tiempo, simpatiza con el Partido Acción Nacional (PAN). Entre el sarcasmo de su sonrisa, dirigida contra el pronóstico triunfalista del PRI, y desde el mismo lugar de origen de Félix Valdez, considera, como para aguar la fiesta, que su precandidatura "no le va a servir ni p'al comienzo al nuestro". Razona así porque cree que don Rodolfo no tiene mucho "arrastre, como lo habrás notado en Hermosillo".
— ¿Y no le dice nada que Félix Valdez sea oriundo de Nacozari?
— No, no me dice nada. Puede ser que haga un poco, pero el simple hecho de que sea del PRI pues ya con eso... no'más no. De lo que se trata—sigue con su respuesta opositora—es que el gobierno se sanee, que no busquen solo beneficios de grupo.

No hay, sin embargo, mucho que temer porque no sabe cuántos panistas hay en Nacozari, recomendando a este periodista que consultara "nuestros registros". Pero eso lo haremos en otra ocasión porque reveló, ya despidiéndose, que los directivos del panismo local "se encuentran en la Ciudad de México".

Será tan grande que beneficiará a todo México

El 29 de noviembre se reunieron en el pequeño pero sólido Palacio Municipal el propio Constantino Romero, exalcaldes, el delegado especial del PRI en Nacozari, Francisco Aldana, el Presidente del Comité Directivo Municipal del mismo partido, Gonzalo Durazo, así como representantes de otros organismos afiliados. Ahí se nos informó que entre todos prepararon ya la salida de la delegación Nacozari hacia la capital del Estado para recibir al precandidato. En efecto, el sábado primero de diciembre, de acuerdo a la logística planeada, unos 350 nacozarenses estuvieron en la recepción de Félix Valdez al pisar suelo sonorense. Además, iniciaron los preparativos para cuando visite el terruño natal porque "¡cómo no va a venir, si es nativo de aquí!".

VOCABULARIO

1.	**Parabólica**	antena de televisión que permite captar emisoras situadas a gran distancia
2.	**Interino**	persona que ocupa un puesto temporalmente, en general por necesidad urgente de la administración
3.	**Recabar**	lograr, conseguir, levantar
4.	**Tropel**	desorden, alboroto
5.	**Progenitora**	madre, antepasado
6.	**Sexagenaria**	que tiene más de sesenta años pero aún no ha cumplido los setenta
7.	**Diestro**	experto, inteligente
8.	**Abolengo**	origen, ascendencia, alcurnia
9.	**Coyuntura**	oportunidad, coincidencia, momento histórico
10.	**Sanee**	componga, arregle
11.	**Caldeado**	caliente, tenso
12.	**Máxime**	con más motivo o más razón
13.	**Changarrero**	tendero, despachador, vendedor
14.	**Destape político**	la persona elegida para candidato

Manuel Murrieta Saldívar

A la vuelta de los días, ya con el ambiente muy caldeado, Jesús Santiago Salcedo y Eduardo Canchola Reyes, representantes de los sectores obreros y campesinos del partido tricolor, reportaron que se registraba en la población una "alegría tremenda por la postulación". Y que habría que celebrar con la esperanza política de que la villa se beneficie si "Fito", como ya le llaman los lugareños al precandidato, llega a ser gobernador. Las "encuestas científicas", y lo escribo evidentemente en tono de broma, levantadas entre la ciudadanía nacozarense y los círculos oficiales, arrojan el resultado de que los principales problemas a resolver son: la ampliación e introducción de sistemas de comunicación y telecomunicación —es decir, más antenas parabólicas contra el aislamiento—mejorar la vivienda, el sistema de drenaje y el servicio de agua potable. Si Rodolfo Emilio Félix Valdez, si su "Fito" llega a ser entonces el primer mandatario de Sonora y gestiona para la solución de estas demandas, la historia del pueblo de Nacozari lo absolverá, sobre todo, pronosticaron sus paisanos, si es capaz de "beneficiar no solo a todo el Estado sino también al resto México"...

EJERCICIO:

ANTÓNIMOS
Practica vocabulario con los antónimos. Selecciona seis palabras de la lectura y encuentra su significado contrario. ¡Te sorprenderás!

_____   _____

_____   _____

_____   _____

_____   _____

_____   _____

_____   _____

CUESTIONARIO

COMPRENSIÓN. Contesta las siguientes preguntas en oraciones completas:

1. ¿Cuándo y dónde sucedió esta historia?

2. ¿Quién salió cuando se acabó la mina de Pilares? ¿De dónde y cuándo se retiraron?

3. ¿A qué se refiere el acalde al decir "si no la hacemos en estos seis años, ¿pues cuándo?"?

4. ¿Qué pasó el sábado primero de diciembre? ¿Cuáles eran los principales problemas por resolver según las encuestas?

5. ¿Qué pronosticaron sus paisanos al final de esta crónica?

ANÁLISIS. En parejas, respondan a las siguientes preguntas:

1. ¿Cuál es el tema de historia? Identifica el personaje principal y los personajes secundarios.

2. Según tu opinión después de haber leído el relato ¿Qué quiere decir "El canditato regresa en parabólica"?

3. Investiga el significado de la palabra "changarrero". Explica el rol que tiene José Monteros en la historia.

4. ¿Qué título le pusieras a la historia si pudieras cambiarlo? Explica tus razones.

CIEN AÑOS DESPUÉS, LA PROTESTA CONTINÚA

Hubo cierta curiosidad y expectativa durante el desfile del Primero de Mayo en Hermosillo. No solo para escuchar el repetir de la voz oficial entre los árboles del Parque Madero o para observar el circular sereno de los trabajadores que se adueñan, sin saberlo quizá, de las calles principales en su día tan efímero. También había que enterarse de la actuación del gobernador en este su primer desfile del día del trabajo o esperar un festejo diferente porque se celebraba el centenario de los obreros asesinados en Chicago originando así esta conmemoración en todo el mundo.

Ya en el desfile, surgió también una búsqueda nerviosa para identificar a los "guardianes del orden", policíacos o civiles, con o sin emblema, porque podrían sorprendernos con sus golpes represivos. Sin embargo, lo diferente y expectante no surgió en demasía, resultando en una parada casi de rutina por las pancartas de grupos gubernamentales consignando tímidas protestas; o por los pequeños grupos independientes que enarbolaban las fuertes demandas de siempre, aun a pesar de que la sed de cambio arrecia con la crisis.

Vaya, creo que hasta hubo de menos. El ruido musical que opaca las consignas disidentes se limitó ahora a una sola banda, con una tuba monstruosa, y a un puñado de mujeres de afiliación priista que alabaron hasta el hastío al gobernador quien bien pudo haberse molestado con esas voces chillonas y descoordinadas que se supone lo protegerían. De cualquier manera, él se encontraba amurallado, distanciado, elevado del gentío en su balcón central del palacio de gobierno. Hubo de menos, sí, porque la ausencia explícita de vigilancia— los guardias estaban ahí, sí, pero pocos y vestidos de civil— al parecer no fue un motivo extra para que los independientes llevaran a cabo su mitin que había sido programado en la esquina del edificio de Correos y Telégrafos. No obstante, existió y asistió un impresionante pueblo que anheló un acto más fiel a su realidad ingrata de crisis y pobreza, y quienes pudieron ofrecerlo no lo hicieron surgiendo más de un decepcionado.

El silencio que protesta

Por lo menos en lo exterior, en la superficie, el desfile fue un éxito de "tranquilidad y orden". Pero una gran cantidad de cuerpos, brazos, manos, caras, ojos y murmullos reflejaron un descontento escondido y reprimido. Se intuía que no era posible exponerlo. Había un silencio que denunciaba, pero con una mirada punzante. Un silencio de respeto obligado hacia la autoridad que da el sustento. El silencio, porque si se critica peligra el empleo o algunos días de sueldo. Era un silencio inversamente proporcional a un grito de protesta imaginado. El silencio porque el alarido sería tan fabuloso que más vale contenerse. Es, pues, el silencio que protesta ya que no se elogia con voces a los que están arriba…

Y así, metros antes de llegar a la Plaza Zaragoza, no atinaba uno a convencerse si en realidad la marcha sucedía: de lejos se miraba un movimiento humano de espectadores y contingentes cuya mudez era lo dominante. Desprendiéndose hacia la atmósfera llena de sol, solo unas notas musicales, aparentemente alegres, se podían captar aunque desentonaban con el ambiente callado de este 1ro. de mayo.

VOCABULARIO

1. **Dejo** — placer o disgusto que queda después de una acción
2. **Emblema** — representación simbólica de algo
3. **Represivos** — que castigan, dominan
4. **Pancarta** — cartel, letrero
5. **Tuba** — instrumento musical de viento
6. **Hastío** — aburrimiento, cansancio
7. **Chillonas** — agudas, escandalosas
8. **Punzante** — hiriente, aguda
9. **Alarido** — grito, chillido
10. **Mudez** — silencio, sigilo
11. **Deambular** — caminar, vagar
12. **Mosaico** — azulejo, cerámica, piso lustroso
13. **Pleitesía** — reverencia, obediencia
14. **Hermetismo** — silencio, oscuridad
15. **Parloteo** — conversación sobre un tema cualquiera, indiferente o de poca importancia
16. **Aguijoneante** — punzante
17. **Cláxons** — bocinas eléctricas de los coches
18. **Izquierdistas** — liberales, socialistas, opuesto a derechistas, conservadores
19. **Puente vacacional** — día de asueto extra

George Engel Samuel Fielden Adolph Fischer Louis Lingg
Michael Schwab Albert Parsons Oscar Neebey August Spies

Entonces llegabas de tu viaje, de tu caminar y te apostabas. Compruebas que, en efecto, un desfile ocurre y por instinto lees las pancartas hasta localizar cuál es de tu afinidad. Podrías desesperarte porque no hallabas ninguna, ningún mensaje que despertara tu espíritu revolucionario. El conformismo expresado te hacía entonces deambular sobre el mosaico de la plaza, cruzar la callecita hacia la sombra del palacio, colocarte al frente de la hilera buscando el mejor lugar. O mejor te ibas, te ibas a las bancas, a desenfadarte o de una vez te retirabas definitivamente.

Poco de ver, de escuchar, pensabas. Pero mejor reforzaste tu razón de estar ahí al descubrir de nuevo el inmenso poder del pueblo que todavía no usa. Te entró la resignación y permaneciste, te concentras ahora en lo que sea, cualquier movimiento, viejo o nuevo, extraño o familiar, todo era ya atractivo que al fin y al cabo el jueves primero de mayo sería el único entretenimiento cívico y masivo de este extenso "puente" que se amplió hasta el martes. Hallaste así tu mejor posición, la más segura, para tender tu vista panorámica: desde las facciones anónimas de los marchantes hasta visualizar los elevados balcones del palacio combatiendo la sensación de que no estás ahí para rendir pleitesía. Y enfocabas, enfocabas, todo enfocabas...

Coros y mantas vs. tubas y gritos

En realidad no se registró nada especial aunque el gobernador Rodolfo Félix Valdez debutara en su primer Día del Trabajo ni tampoco porque se celebraban cien años de mártires como August Spies, Michael Schwab, Samuel Fielden, Albert R. Parsons y otros anarquistas que fueron falsamente acusados de provocar asesinatos y actos violentos en Chicago cuando solo luchaban por las ocho horas diarias de trabajo. Vaya, ni los organismos de "izquierda" conmemoraron al respecto. Solo fue el fluir de contingentes, el devenir cíclico de los trabajadores en una fecha que en Hermosillo podría convertirse en una ceremonia de protesta recia. Y cómo no, si se reportaron más de 20 mil personas desfilando distribuidas en las distintas agrupaciones laborales del PRI oficial. Iban mostrando además una especie de enfado interrumpido milagrosamente por algún obrero feliz, excepcional, que solicitaba con vocablos y ademanes que tocara la banda con su ritmo y ruido boicoteador. Apenas así era cuando se interfería la procesión callada. Era rota también por la melódica demanda del sindicato de músicos que marchaban poderosos, amplios, imponentes, haciendo cantar a la audiencia: "¡Se siente/se escucha/los músicos en lucha!" y también corear "¡la ley número seis/debe ser reformada/por tres legislaturas/ha sido relegada!". Por eso fueron aplaudidos irremediablemente al igual que la vital exigencia de los y las telefonistas: "¡Aumento salarial de emergencia!" quienes se lograron incrustar en la hilera oficial aunque sus voces sufrieron el represor capricho de la tuba musical que los quiso callar hasta el cansancio.

El silencio también se suspendió cuando aparecieron levantados los puños izquierdos de los sindicatos de esa tendencia ideológica como el "Steus", de los trabajadores de la universidad; el "Staus", académicos de la misma institución y del Partido Revolucionario de los Trabajadores (PRT) — "¡Con estos la cosa se pone bien!", murmuraron testigos esperanzados en un cambio social. Sin embargo, estos contingentes izquierdistas fueron aplacados por el esfuerzo redoblado de la tambora y el agudo parloteo, aguijoneante, primitivo, de un rudimentario coro simpatizante del PRI con su obvia estrategia silenciadora.

No obstante, también fue saludable el rompimiento del control que hicieron las mantas de agrupaciones pro gubernamentales cuyos portadores, manipulados o no, lo más probable es que se identifiquen con las demandas expuestas. Se leyó en una: "Mayor salario... y freno a los comerciantes voraces" sostenida por el sindicato "Salvador Alvarado". "¡Qué la renovación moral sea verdad!", pugnaron con cierta ingenuidad los trabajadores de la empresa panificadora Bimbo quienes también personificaron a los pastelillos "gansito" y "pingüino" como si en ellos no existiera un enemigo. Los del sindicato Cementeros, Sección-43, escribieron tan rápidamente como marcharon: "¡Cárcel a patrones violadores de la Ley Federal del Trabajo!". Hubo un grupo que incluso se atrevió a desprestigiar públicamente a un diputado, de nombre Manuel Robles Linares; los "Pintores Unidos de Sonora" le exigían, resaltando su nombre en colores verdes, "el pago de pintas de la campaña electoral" que ya cumple un año y pues de "lana" todavía nada.

El disimulo, la indiferencia, una sonrisa de aprobación forzada y de difícil solidaridad, fueron las reacciones oscilantes de las altas personalidades que no incluían solamente al gobernante estatal, sino también a representantes laborales, funcionarios y "observadores" de los medio de comunicación.

Cuando se acercó el rodar silbante del contingente de taxis, se sospechó la muerte del desfile sin acontecimientos extras que recordar. Los cláxones callaron, señal que indicó el inicio del desparramadero de personas para inundar la plaza, los pasillos y explanadas del palacio. Cada uno ya a proseguir con el trabajo y diversión que el asueto nos daba: los periodistas a perseguir autoridades para informar las cosas buenas del festejo; las poderosas barredoras a despejar de basura el pavimento, delante y detrás de los vendedores ambulantes con toda su faena; los del volante y otros trabajadores a recibir el banquete en un restaurante campestre; la disidencia izquierdista a la esquina del Correo pensando en las explicaciones que ofrecerían por la suspensión de su mitin— "fallas de sonido, muchos ya querían descansar". Y la mayoría, la codiciada mayoría, a estirarse sobre el gran "puente" vacacional, sanos y salvos aún sin imaginar ni preocuparse de las golpizas de miedo que, simultáneamente, vivieron en México, D.F., en Chile, en Varsovia y Paraguay trabajadores y gente como nosotros... y todo en memoria de los cien años de los martirios de Chicago.

EJERCICIO:

TRADUCCIÓN
¿Qué tan bilingües somos? Selecciona tres oraciones completas de este relato y tradúcelas al inglés. O bien escoge un párrafo completo y tradúcelo. ¡Utiliza diccionarios!

Manuel Murrieta Saldívar

CUESTIONARIO

COMPRENSIÓN. Contesta las siguientes preguntas en oraciones completas:

1. Describe lo que estaba pasando el primero de mayo en Hermosillo.

2. ¿Cómo resultó el desfile de ese día según el autor?

3. ¿Qué se celebra ese día en México? ¿Qué se celebra también en Chicago?

4. ¿Qué demandaban los músicos y coreaban los telefonistas?

5. ¿Cuáles fueron las reacciones de las altas personalidades hacia los carteles del desfile?

ANÁLISIS. En parejas, respondan a las siguientes preguntas:

1. En tu opinión, ¿qué quiere decir "el silencio que protesta"? ¿Por qué crees eso?

2. Escoge dos de los mensajes que se presentaban en las pancartas del desfile y explica en tus propias palabras su significado.

3. ¿Por qué crees que dice el título que "Cien años después, la protesta continúa"?

4. ¿Has formado parte de una protesta? Explica los detalles de ese acontecimiento en tu vida. Si no has asistido a una protesta, ¿qué tipo de demandas te gustaría hacer a tu sociedad o gobierno que llevarían al inicio de una protesta?

EL VACÍO REVOLUCIONARIO DEL DESFILE

Si acaso un corazón latía acelerado, no fue por amor cívico. Si se gritó, no se debió para conmemorar al héroe ni a la patria saqueada. Más bien el corazón latía por costumbre y la boca se abría para juntar amigos, cortejar a una chava, comprar un elotito, colarse en el tumulto o burlarse de algún participante.

El vacío cívico, paradoja de un bulevar repleto, se iba sustituyendo con el andar popular encaramado en bardas, anuncios y edificios. Se fue llenando instantáneamente con un charro artificial, una adelita forzada. Ocultándose en la voz pagada del cronista en turno. Se fue distrayendo con el carro alegórico mediocremente arreglado en un desvelo de prisa.

El civismo del 20 de noviembre, otro aniversario de la Revolución de 1910, había quedado atrás exactamente en dónde, en qué año nadie lo sabe ni quién lo hizo primero. La ausencia diluida de este espíritu, en Sonora, en la "cuna misma de la Revolución Mexicana", obligó otra vez a visitar la rutina del desfile. Y no precisamente para ver y festejar, sino también para gastar el tiempo del asueto oficial y aprovechar la recta para "ver qué me encuentro".

Al final del evento, la culebra humana se esparciría hormigueante con pocas cosas nuevas: otro gobernador que hizo desfilar más patrullas policíacas mientras el alcalde hermosillense organizaba una verbena cultural no muy exitosa en la plaza de la universidad.

Crónica de la crónica

Entonces el afamado locutor Fausto Soto Silva apareció con su voz sacerdotal, radiante, imponiendo al público hasta su silencio en el ritual número 75 de la Revolución. Eran las diez de la mañana y desde entonces parecía narrar en exclusiva para el gobernante. Con su entonación, el de la XEDM, "La Grande", es decir, la radiodifusora más influyente de la comarca, indicaba cuándo y se escuchaba luego el aplauso de la gran autoridad colmada en ese "palco de honor"—¿hubo otros? Y había que cumplir, Fausto era un vergel de adjetivos pues todo estaba tan bien. Solamente escuche usted en el autoparlante: "¡El desfile es de un enorme colorido!", cumpliendo así su deber. Luego seguían en importancia los contingentes, los participantes de escuelas, colegios, del servicio militar, de oficinas de gobierno, miles y miles, materia prima al fin de su crónica oficial.

Manuel Murrieta Saldívar

"¿Y dónde estás Revolución?", nadie lo preguntó quizá pero don Fausto la vio, la colocó en el aire y hasta la desapareció después junto al desfile. Vaya, hasta alabó el "despegue de la industrialización" y quizá por eso, frente al funcionario de educación, recomendaba la enseñanza técnica por sobre todas. Claro, como que al locutor ya le había hecho justicia la Revolución porque no recomendó lo mismo al divisar a Míriam, su sobrina, quien ataviada como una "Adelita", iba triunfante y sofisticada sobre un trono rodante del exclusivo "Colegio Lux", "solo para señoritas". Al anunciarla, todos todos la festejaron. En contraste, Fausto jamás podría haber tenido el tiempo suficiente para nombrar siquiera a los miles de incógnitos y de desconocidos que voltearon a verle desde sus contingentes, he ahí la injusticia. En tercer término colocó a la gente a quien, no obstante "a lo cada vez mejor organizado del desfile", solamente se dirigió a ella para calmarla, tranquilizarla. Porque aunque "identificados pueblo y gobierno no hay problema", el pueblo no debía invadir la calle que al fin y al cabos ya hubo Revolución.

Los minutos cayeron tan rápidamente como el sudor y la voz faustiana apresuró el ritual, posiblemente porque la agenda del señor gobernador ya espera. Entonces existió un momento desesperado cuando el cronista radial casi ordenó: "¡Algunos de los carros pueden salirse del desfile en la próxima cuadra!". A muchos les pareció inconcebible pues no habían recorrido ni una quinta parte del trayecto, días de entrenamiento quedaban así despreciados y sobre todo la gente ya no los miraría. El locutor rectificó pero luego insistió con la premura, con el "avancen más rápido". La salvación le vino cuando vio a los bomberos "— ¡repito, el gobernador anuncia la creación de un patronato!", para que al fin los apagafuegos aseguren su salario...

Final del desfile 12:20 horas y por último Fausto deja su obligado aliento patriótico: "¡... y lo hemos gozado inmensamente!". La multitud se desparrama entonces como una revuelta, van hacia calles y plazas mientras las nuevas patrullas cierran la procesión como un recuerdo de una revolución que fue pero que a la vez no ha sido...

La abuela deja el festejo

En tanto que los caudillos sonorenses del bulevar "Abelardo L. Rodríguez" siguen con sus estatuas el ritmo del desfile, los más revolucionarios del bulevar "Luis Encinas", Emiliano Zapata y Lázaro Cárdenas —recordados en dos bustos pequeños como de monumentos— se hallan solitarios dejándose ensuciar por el smog y el sol de esta ciudad desmemoriada. Muy temprano en la mañana se cumplió un homenaje a Francisco I. Madero en su propio parque, de Pancho Villa al parecer no hay nada— ¿es mejor ocultarlo?—Venustiano Carranza con una estatuita allá por el barrio de Villa de Seris en tanto que el contingente avanza por la avenida Rosales al pie del tremendo Plutarco Elías Calles, del asesinado Álvaro Obregón y de don Adolfo de la Huerta. Las banderas tranquilas no ondean fervorosas, solo las edecanes van con paso apresurado— "¡qué esto se acabe ya!"—y son vistas con cierta curiosidad. Se observan también coloridos trajes deportivos, bastoneras de viento anglosajón y uno que otro ejercicio hecho por los marchantes; a veces surge la emoción con el sonido de una banda de guerra en tanto que traviesos ciclistas distraen la atención provocando tumultos.

Cierto, en esta ocasión no se vio tanta "influencia extranjera" como en veces pasadas. Sin embargo, la obligación de cumplir con la fecha sagrada convierte en revolucionario a cuanto estudiante y burócrata se deje disfrazar. Sus saludos apáticos no despiertan simpatías honestas de los espectadores quienes, a pesar de estar ahí por miles, les ganó la indiferencia. Debió de ser así porque ni siquiera el funcionario federal transmitió su civismo a los empleados que manda: por ejemplo, Cabrera Fernández, delegado de ecología, se confundió o se escondió entre el gentío mientras que su grupo de la Secretaría de Desarrollo Urbano y Ecología se expuso ante las cámaras. También se encontraron detalles "chuscos" como esa escuela de karate que en su carro alegórico colocó el retrato de su maestro oriental en lugar de algún prócer nacional de 1910. Se producían sacudidas cuando marchaba el Ejército Mexicano. Y no aconteció nada más…

La vida cotidiana contrastó con la ilusión del desfile que no reflejó ciertamente la realidad que se vive. Fue entonces que una abuela anónima tomó a sus dos nietos, se escabulló del lugar y dejó a los contingentes a su libre

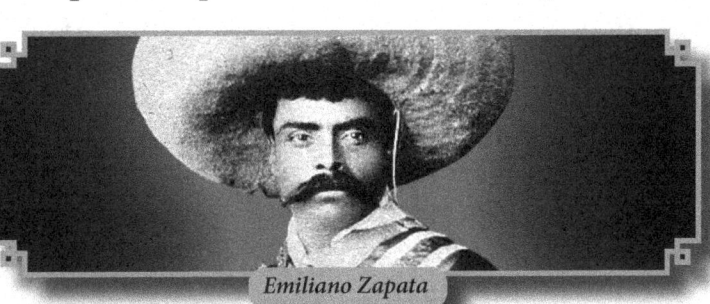
Emiliano Zapata

VOCABULARIO

1. **Saqueada** — despojada, robada
2. **Cortejar** — enamorar, pretender
3. **Tumulto** — alboroto, desorden
4. **Encaramado** — levantado, destacado
5. **Alegórico** — simbólico, figurado
6. **Verbena** — fiesta, celebración
7. **Palco** — balcón
8. **Premura** — urgencia, apuro
9. **Patronato** — fundación, patrocinio
10. **Caudillos** — guías, conductores
11. **Bustos** — esculturas del cuerpo humano, del pecho hasta la cabeza, torsos
12. **Fervorosas** — que muestran entusiasmo o admiración
13. **Edecanes** — ayudantes, acompañantes
14. **Apáticos** — indiferentes, descuidados
15. **Chuscos** — chistosos, graciosos
16. **Prócer** — persona respetable, elevada y de la más alta distinción social
17. **Albedrío** — voluntad, decisión
18. **Comino** — cosa o persona pequeña e insignificante
19. **Flirteos** — coqueteos, enamoramientos

albedrío. Para ella, era mejor ver al pueblo en su variedad y reacción infinitas que limitarse al desfile ancestralmente monótono. El 20 de noviembre da la oportunidad de encontrarlo reunido y sentir su presencia y poder potencial. Ahí, los pandilleros recordaban a los cholos con sendas grabadoras valiéndoles comino la identidad nacional. La gente se apropió de las bardas, de los árboles y anuncios y desde ahí no solo miró sino que sintió dirigir—"¡a ése le apestan los sobacos!". Ahí, la adolescencia marginada se mostró natural y se produjeron flirteos en la luz del día; surgió la precoz curiosidad infantil por el inexplicable sonido del tambor; la insistencia de la compra de jícamas, cocos y pepinos con chile. Vaya, hubo hasta quien experimentó la sensación de gozar un buen status social al mirar el desfile desde su exclusivo ventanal. Otros disfrutaron la satisfacción de conocer en vivo a un ser inalcanzable—"¿ya viste al gobernador?"—o la simple mirada de alguien a quien jamás verás de nuevo.

Hasta que se descubrió la contradicción entre el artificio del festejo y la sencillez de un mexicano subempleado. Sí, esa contradicción entre el discurso complicado de los gobernantes que están en el palco y la claridad de palabra de un habitante común como hay tantos: Manuel Saeta Marcos, 25 años de vendedor ambulante: "es que uno por su humildad no ha sido beneficiado. Yo mal vivo, mal trabajo y solo pa´comer", repite una vez que la parada concluye frente al Museo de la Universidad de Sonora… y la gente se expande buscando sabe qué más para solo encontrar una "verbena popular que quiere ser tradicional" como este desfile que al paso de los tiempos ya no provoca tantos latidos generales en muchos corazones…

Álvaro Obregón

EJERCICIO:

NÚMEROS
Por favor, localiza al menos tres números arábigos en esta historia y escríbelos correctamente con palabras. ¡Y luego escríbelos en números romanos!

20 de Noviembre — XX veinte

25 años — XXV veinticinco

1910 — mil novecientos diez MCMX

CUESTIONARIO

COMPRENSIÓN. Contesta las siguientes preguntas en oraciones completas:

1. De acuerdo a la historia, ¿por qué latía el corazón de las personas durante el desfile y para qué se abría la boca de los espectadores?

2. ¿En dónde y en qué año fue quedando atrás el civismo del 20 de noviembre?

3. ¿Quién era y qué hizo Fausto Soto Silva?

4. ¿Qué personajes revoluvionarios se mencionan en la crónica? Menciona tres actividades que ocurrieron durante el desfile.

5. Explica lo que dice Manuel Saeta Marcos al final del relato.

ANÁLISIS. En parejas, respondan a las siguientes preguntas:

1. ¿Qué opinas sobre el vacío que existe en las personas sobre la celebración del 20 de noviembre?

2. ¿Por qué crees que los mismos gobernantes querían apurar la conclusión del desfile? Escribe o mensiona la cita donde se puede observar esto.

3. ¿Cuál crees que es el propósito del autor al escribir sobre esta triste realidad?

4. ¿De qué manera se podrá recuperar la antigua tradición del desfile de la celebración de la Revolución en este lugar y en muchas otras partes de México?

CRONOLOGÍA DE UN VIAJE ELECTORAL

8:30 AM. La señora Marcelina Saldívar se duele cívicamente porque uno de sus hijos con credencial de elector no pudo viajar, llegar desde el extranjero, para emitir su voto. Pero guarda silencio cuando otro le recuerda que a él nunca se la entregaron. La televisora estatal, Telemax, informa sobre la apertura de las casillas y se deduce fácilmente la característica dominante de esta jornada electoral: al parecer reinará la "tranquilidad" en la ciudad de Hermosillo aunque el candidato apodado "El Guaty" haya sufrido por la tardanza en la apertura de su casilla. La madre apaga el televisor, recoge la credencial de votación y se dirige a la urna de la escuela privada "ISI" ubicada en las calles Monteverde y boulevard Transversal. Después dirá sin empacho que únicamente cruzó los círculos tricolores, no los del Partido de la Revolución Democrática (PRD), sino los del antiguo Partido Revolucionario Institucional (PRI). Fiel a la tradición, ni siquiera leyó previamente los nombres de los candidatos, aunque esta costumbre familiar fue rota ahora por la hija que le dio un voto al partido ecologista.

10:30 AM. "Los chicos de la prensa" inauguran una nueva modalidad: por primera vez se distribuyen teléfonos celulares para comunicar al instante posibles escándalos electorales. Sin embargo, al observar la "normalidad reinante", únicamente fueron utilizados para decidir la hora del almuerzo, la concentración de nuevo en la oficina de redacción, instrucciones para otros recorridos o reportar adelantos "sin novedad". Por lo menos eso fue lo que comunicaron los asignados para cubrir el sur de Hermosillo, en los distritos seis y once. Si antes la cibernética sirvió para elaborar el padrón de quienes votan, en donde algunos dicen que ahí se gestan los fraudes de la modernidad, ahora fue útil para NO reportarlos porque explícitamente no fueron detectados.

11:15 AM. Hasta un leve nublado adorna la faena cívica, pero la única queja en la casilla 22, calles Mayorca y Granada, en la colonia "Las Granjas", es que "hace mucho calor", confiesa Víctor Hugo Zazueta, auxiliar de la comisión electoral. No hay tumultos pero tampoco soledad, el avance de los votantes es pausado bajo la gran lona sostenida por un troque tonelada para protegerse quizá de la lluvia, quizá del sol. Lo útil aquí, si se quiere pronosticar dosis de sensacionalismo periodístico, es la presencia de dos chicas tipo telenovela, o chicas plásticas, entrenadas para contabilizar votantes y cotejar los resultados finales; trabajan más en beneficio de los intereses del periódico *El Imparcial* que de reportar la "objetividad" del proceso electoral. Aunque también ellas actúan, contador en mano, con cierta parsimonia ante el pausado y tranquilo avance de los votantes…

12:25 PM. Unos tacos de cabeza y de barbacoa revolucionan el vientre de este cronista porque las emociones provenientes de fuera no son tan excitantes. Por rumbos de la calle Olivares final sur, del Periférico y de los tianguis del Palo Verde, brota una verdadera algarabía dominical. No es necesariamente por el entusiasmo de estas elecciones, sino que es el codiciado pueblo en su ajetreo de compras, de indiferencia o la simple sobrevivencia, quizá un poco de la votación… o es todo a la vez. Y es que el regateo por la vida no se suspende por ninguna elección. ¡Novedad!: contiguo a un establecimiento de la "Conasupo", aparece este anuncio: "casilla especial, señores viajeros", ¡al fin, pues, una para nosotros! Pero no especifica nada, si es para peregrinos de cuál ciudad, estado o país. La casilla es una de las cinco instaladas estratégicamente a las salidas de la urbe "para personas que por distintas causas se encuentran fuera de su distrito". ¿Posibilidad de fraude? El licenciado Sergio Alberto Nubes, funcionario electoral, lo descarta "porque ahí está la tinta indeleble", esa que por nada se borra. Sin embargo, no tienen ningún padrón, solo les piden una identificación extra además de la credencial de elector como le sucedió a Tomás Quihui, originario de Arizpe, y de paso por Hermosillo. Él ejerce su derecho porque un voto…bueno, "un voto importa mucho".

12:50 PM. En la colonia Cuauhtémoc, Jorge García, fotógrafo del diario *El Sonorense*, bosteza tras realizar un par de tomas. Es una muestra de que el proceso llegó a grados tan rutinarios que hay que continuar cubriéndolo por mero trámite periodístico. En cambio, Ernesto Otta Palomo, representante de la casilla 077, un hombre moreno sin muestras de preocupación o cansancio, revela con leve entusiasmo un registro del 40 por ciento de la votación hasta ese momento. Repite la respuesta que se volvió lugar común: "todo normal, ningún problema, ni papeletas han faltado". Comprendiendo nuestra hambre informativa, añade que han votado muchas parejas y muchos jóvenes; al preguntarle sobre su estado interior responde: "pues aquí, haciendo algo por la patria". Quince minutos después se ve la gente votando en la escuela primaria Club de Leones #4, casilla 0-60 en el sector del Pedregal de la Villa. David Ortega Quintana, representante, tras repetir lo esperado—tranquilidad, normalidad— reporta

VOCABULARIO

1. **Cronología** — historia; cuenta hechos, datos o sucesos por orden de fechas
2. **Casillas** — lugares designados para ir a votar
3. **Urna** — caja cerrada, con una ranura, donde se depositan las papeletas en sorteos o votaciones
4. **Empacho** — vergüenza, molestia, indigestión
5. **Padrón** — lista de los habitantes de una población hecha por las autoridades.
6. **Lona** — tela, toldo.
7. **Cotejar** — confrontar una cosa con otra u otras.
8. **Parsimonia** — calma o lentitud excesiva.
9. **Dominical** — del domingo
10. **Regateo** — trato, discusión sobre algún precio.
11. **Indeleble** — imborrable.
12. **Papeletas** — papeles en los que figuran cierta candidatura o dictamen, y con los que se emite el voto en unas elecciones.
13. **Bastión** — refugio, fortificación, amparo y defensa de algo o alguien
14. **Abstencionismo** — no votar, renunciar a algo
15. **Vespertino** — de la tarde

Manuel Murrieta Saldívar

para esta hora un 30% de votación mientras se observa cómo los otros funcionarios de casilla platican, comparten refrescos y comida.

1:15 PM. En la colonia "Las Palmas", casilla #31, el profesor Eduardo Verdugo, revela información distinta que bien capitalizada podría despertar sospechas y hacer amarillismo: la urna federal abrió hasta las 9:47, más de una hora de retraso, porque solo se presentó puntual el presidente de casilla. De aquí que el "El Guaty"—citado ya líneas arriba— haya votado tarde a pesar de su costumbre de madrugar. Los periodistas aprovecharon para reportar este suceso que para muchos era "extraordinario". Todo se resolvió cuando nombraron funcionario nuevo sustituyendo al faltante y los otros llegaron más tarde. Entonces la casilla se une al resto de la normalidad, tanto, que para alrededor de la 1:30 contabilizan el 32% del padrón.

1:40 PM. Casilla 19, calles Campodónico entre Tehuantepec y Manuel Z. Cubillas, colonia Centenario, bastión de la "alta sociedad". Quizá por ello cuentan con sendos ventiladores eléctricos tamaño familiar, instalados bajo frondosos "árboles de fuego". Diríase que aquí domina el optimismo, la estabilidad y la confianza, no solo hacia el proceso electoral sino para todo el sistema, sí, el sistema político-social del país. Primero el presidente de la urna, Enrique R. Valdez, informa que se registra una afluencia del 50 por ciento del padrón hasta ese momento. Cero quejas. Después precisa que ciudadanos de la tercera edad participan con entusiasmo y que junto con los jóvenes con alta responsabilidad cívica, provocarán que el abstencionismo no se conozca en esta urna— "¡habrá una participación del 60 al 70 por ciento!", concluye feliz. Por último, María Cecilia Tréllez de Puigferrat, es la entusiasta ciudadana que sin titubeos afirma que toda esa "casilla es priísta", confirmado por el representante del PAN que mira y escucha impotente.

2:20-6:00 PM. Reportes a la redacción de los medios de comunicación. Los celulares transmiten la instrucción de un receso, merecido debido a la insistente y desgastante tranquilidad. Mientras unos reporteros almuerzan, la curiosidad electoral es más fuerte y a otros nos hace viajar hacia distintos puntos claves a fin de conocer resultados preliminares. La costumbre de los triunfos del PRI no permite mayores sorpresas cuando ya se sospecha que Hermosillo es prácticamente priísta, el candidato a gobernador Manlio Fabio Beltrones lleva la delantera por 3 a uno y no se escuchan rumores de fuertes escándalos o irregularidades.

7:00 PM. En pleno cruce de la calle Olivares y boulevard Transversal, el papelerito vespertino enseña el encabezado de un periódico: "Llueven denuncias", es el titular color amarillo de *El Imparcial*. En busca de ellas hay que transportarse con urgencia a buscar información, lo más inmediato es acudir a la sala de prensa instalada en el hotel Calinda. Uniformados controlan el acceso, estrictamente exigen el gafete. Periodistas locales y nacionales agotan y agotan cafeteras, refrescos, galletas, ven TV y esperan al connotado funcionario del Partido Acción Nacional (PAN) Ramón Corral: "el primer robo de urnas" ha sucedido, reporta, en Guaymas—casillas 53-b y 55—donde anuncia triunfos panistas. El cuarto boletín del PRD denuncia que en la ciudad de Navojoa el conteo no se hace públicamente como lo establece la ley y que en el poblado de Etchojoa son los mismos funcionarios de casilla quienes depositan el voto de la gente, ¿no que el voto es personal y secreto? Pero no hay mayor conmoción. Minutos después todos los y las periodistas a sus máquinas, a sus teléfonos y a sus faxes. La noticia impertinente del golpe de estado al presidente soviético Mijail Gorbachov suspende redacciones, luego es el ir y venir de otros buscadores de noticias fuertes, pero la sala de prensa está cada vez más quieta para las nueve de la noche. Entonces los enviados de prensa de la capital del país, es decir, de la absorbente ciudad de México, esperan algo más y se acercan a los colegas locales. No buscan más fuentes de información, ni la noticia impactante como otro robo de urnas, vaya, ni siquiera indagan sobre las razones que expliquen la "normalidad": los periodistas del D.F. quieren saber hacia dónde pueden ir a divertirse esta noche porque a la mañana siguiente han decidido viajar ya de regreso, desesperados por dejar atrás la "tranquilidad" de esta provincia electoral con el ahora novedoso *triunfo cibernético* de los priístas.

EJERCICIO:

COGNADOS
¡Aumenta tu vocabulario! Pon atención a la lectura y localiza al menos cinco cognados. ¿Significan lo mismo en inglés y en español? ¡Cuidado con los falsos cognados!

_____

_____

_____

_____

_____

Manuel Murrieta Saldívar

CUESTIONARIO

COMPRENSIÓN. Contesta las siguientes preguntas en oraciones completas:

1. *Da un resumen de lo que pasó a las 8:30 AM. ¿Y a las 10:30 AM?*

2. *¿Cuál era la verdadera intención del uso de los celulares distribuidos y cómo fueron utilizados ultimadamente?*

3. *¿Quién descarta la posibilidad de fraude en las casillas cerca de las salidas de la ciudad y qué dice sobre ello? ¿Qué se les pide a los votantes en esas casillas?*

4. *¿En cuál casilla se ve un porcentaje mayor de votantes? ¿Cuál casilla abrió tarde y por qué?*

5. *¿Qué noticia anuncia Ramón Corral? ¿Qué noticia impactante esperaban los de la prensa?*

ANÁLISIS. En parejas, respondan a las siguientes preguntas:

1. *¿Cuál es el tema que resalta en esta historia? ¿Habías escuchado antes sobre este tema? ¿Dónde?*

2. *¿Cuál es tu opinión sobre "la posibilidad de fraude" en algunas casillas y lo que dice Nubes? ¿Cómo se podría evitar que ésto sucediera?*

3. *¿De qué manera interpretas la frase "todo normal, ningún problema, ni papeletas han faltado"?*

4. *En un breve párrafo o en pocas palabras explica la razón por la que crees que mucha gente no acude a votar y cómo se puede incitar a que lo hagan.*

CAPÍTULO VI
VIAJES INTERNOS A VER QUÉ HAY

ACOSTARSE SIN TU COMPAÑÍA

¡Qué pasó bato...!, escuché a mis espaldas. Al volverme, lo primero que resaltó fue una triste humedad en los ojos de Martín. De inmediato me tendió la mano y sin control movía la cabeza enfocando hacia la enorme oscuridad del edificio del Museo. La noche ya iniciaba su llanto y el aire emitía un suave olor a cerveza que se notaba en las piernas temblorosas de Martín...

Ando borracho, ¿ves?, dijo medio sonriendo. Luego extendió la mano y balbuceó, mira, te presento a un camarada. Saludé a su acompañante. Se trataba de un cuarentón con finta de científico; lo había visto por ahí, en otras calles, movilizándose extraño y solitario en las banquetas. Pero me reservé cualquier observación recordando que no, que no había mirado a Martín en los últimos meses. Ahora traía el pelo largo como la tristeza y no cambiaban sus facciones a otras más optimistas. No pude reprimirme pero súbitamente recordé que desde hacía tiempo alguien le había puesto como apodo "El agüitado". Qué onda, pues, y tú de dónde vienes, preguntó, luego de resaltar que únicamente caminaba por el bulevar pa'ver qué hay.

Pues yo también, casi le dije, pero mejor respondí que vengo del trabajo, tú sabes, hay veces que sale uno noche y que después te dan ganas de... Ya, ya pues, no empieces con tu rollo, a poco serás muy santito, me criticó... Hay veces que no, le respondí retando. Pero me calmé porque enseñó de nuevo el rostro. Fue entonces que me tragó su soledad. El ambiente lo rodeó como mareándolo. Como que se sintió insignificante, rechazado por los autos atestados de juventud, ignorado por las parejas que intimidaban a los costados de las calles, olvidado por los ciclistas transitando con la sonrisa al aire, rechazado por los consumidores de hot dogs masticando bajo la luz gaseosa de las carretas. Y frente a nosotros la enorme pizarra del flash noticioso que anunciaba feliz otro triunfo de los marchistas mexicanos, y a lo lejos unos alcohólicos rojos y arrugados bajo un gran árbol peleando una bacha de cigarro, el semáforo que laboraba sin descanso ignorando el ruido de la gente. Pero nadie, ni siquiera el nuevo acompañante, ni una dosis de vida parecían prestar atención a Martín.

Recuerdo cuando me contó que siempre disfrutaba solitario las chuzas logradas en el boliche, que durante los intermedios de la función de cine miraba hacia las butacas contiguas y nadie le conocía, que se refugiaba sin remedio en su casa para escuchar esa música estruendosa, protestar contra todo, incluso contra sí mismo. No obstante, intentaba enormemente vivir... Además de su escape de alcohol, lo movía la esperanza de algo, un secreto trascendente, un proyecto mundial que iba a llegar quién sabe cuándo. Mientras tanto, observaba todo de nuevo, incluyéndome a mí, aunque estuve a punto de esquivar su profunda mirada. Pero sin remedio, así como los otros... lo evadí: ¿quieres un jat doc?, invité encontrando una salida. Comenzó a deglutir uno con lentitud.

Manuel Murrieta Saldívar

El acompañante un poco marginado, comprendió que necesitábamos un poco de privacidad y fue a sentarse sobre el césped de la placita. Fue cuando mi curiosidad se interesó por la vida íntima de Martín, y lo invadí con una primera pregunta que creo no la sintió como intolerante. ¿Ya sabes con quién andas, quién es el que te acompaña? Por supuesto, se supo insultado, encogió el ceño y al instante se escuchó el llanto de su palabra, mostrándome también cierta confianza... sí y qué, por ay dicen que es del otro bando, del otro laredo, se le voltea el calcetín, pues, pero él me escucha. Podría ser mi padre pero la cotorreamos bien, también dicen que es una eminencia, que sabe de Newton y del cálculo infinito y no sé qué más. Pero los dos salimos, platicamos sin importar sus títulos, estará muy grueso pero conmigo se porta como gente, me invita a comer, a oír música, me busca, me lleva a cafeterías, a ver fotos y películas y nunca me hace invitaciones acá ¿no? Qué, qué tiene, qué quieres que haga si no me entiendo con nadie, ni con la familia y puede ser que...

No hay problema, Martín, es tu vida... Mira maestro—continuó—uno le va buscando, donde le den ahí se queda, hasta tú, ya ves tú, también me haces a un lado, ya me he dado cuenta, llevamos meses y meses sin hablarnos y eso que vivimos cerca. La gente forma grupos y se cierra, de ahí no quiere salir y nadie puede entrar, ya ves, a mí no me aceptan, no sé por qué, será mi posición social, o mis gustos o el rollo que me traigo, será por tímido, o a la mejor por feo, mírame: ¿crees que la hago con la güerita aquella de la colonia?, ¿crees que me haga caso? Por lo menos tú tienes el refugio de tu casa pero yo, yo, en la mía es una amargura, pleitos y broncas como los del divorcio, mi'apá viene y se va, mi madre está como neurótica, no'más le interesa la lana y yo no soy de trapo, tú bien sabes que siempre se necesita un amigo, un camarada, alguien con quien cotorrear, no sé, como que no me entiende nadie, o seré un inadaptado o no soy de este mundo...

Entonces el acompañante se levantó del césped, se acercó a nosotros cuando pagábamos el consumo y luego enfilamos por rumbos del bulevar. La noche ya estaba sola y quieta, únicamente el tararear silbante y extraño de Martín se escuchó entre nuestros pasos. No queríamos más palabras, parecía que el temor de sabernos rechazados e ignorados nos hacía callar. Algo había surtido efecto, el encuentro quizá o el desfogue, pero Martín se comportaba ahora suelto y

relajado, liberado durante unos minutos. Dijo instintivamente: ¡qué buena onda, eh!, el encuentro de tres hombres solos. Y siguió silbando con las manos entremetidas en las bolsas delanteras del pantalón de mezclilla.

Cuando íbamos a cruzar el semáforo de la calle Reforma, nos miramos en un silencio global. Solo se mencionó un a'í nos vemos, ni siquiera un hasta luego después te busco. Cada uno marchó a su destino. Sin embargo, como empujado, volteé a mirar a Martín. Desde mi ángulo, sin que nadie lo notara, observé medio sorprendido que callaba ya sin ebriedad, con cierta belleza, satisfecho, como sintiendo o descubriendo una eterna compañía, la de su otro yo, la de un instante de quietud, sonriendo con seguridad en sí mismo, casi decía con su cuerpo que ya no estaba solo, incluso, podía haberlo gritado a toda la ciudad.

Quise entonces quedarme con esta visión, conservarla, fotografiarla para siempre, pero no me dejó el pensamiento, no lo permitió el pronóstico que la realidad exige, y reconocí que Martín estaría así únicamente durante el trayecto a casa: alguien lo esperaba ahí, sin remedio, con un regaño, una presión, quizá unos golpes, un rompimiento generacional…lo iban a traer de su irrealidad de alcohol y compañías y volvería a acostarse con tristeza en la soledad de su lecho…

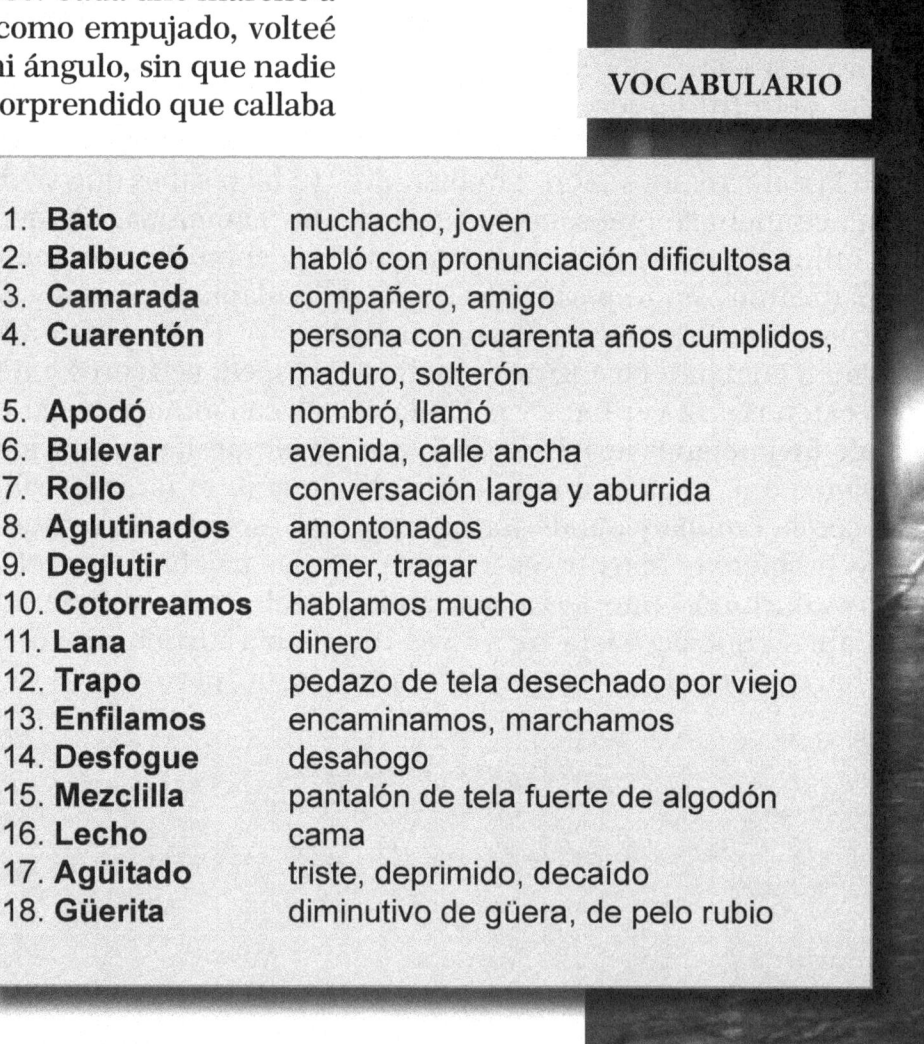

VOCABULARIO

1. **Bato** — muchacho, joven
2. **Balbuceó** — habló con pronunciación dificultosa
3. **Camarada** — compañero, amigo
4. **Cuarentón** — persona con cuarenta años cumplidos, maduro, solterón
5. **Apodó** — nombró, llamó
6. **Bulevar** — avenida, calle ancha
7. **Rollo** — conversación larga y aburrida
8. **Aglutinados** — amontonados
9. **Deglutir** — comer, tragar
10. **Cotorreamos** — hablamos mucho
11. **Lana** — dinero
12. **Trapo** — pedazo de tela desechado por viejo
13. **Enfilamos** — encaminamos, marchamos
14. **Desfogue** — desahogo
15. **Mezclilla** — pantalón de tela fuerte de algodón
16. **Lecho** — cama
17. **Agüitado** — triste, deprimido, decaído
18. **Güerita** — diminutivo de güera, de pelo rubio

EJERCICIO:

EL CALÓ
¿Puedes identificar expresiones del caló o del habla popular fronteriza en este relato? Bien, ¡ahora encuentra su equivalente con el español estándar!

_____ _____
_____ _____
_____ _____
_____ _____

CUESTIONARIO

COMPRENSIÓN. Contesta las siguientes preguntas en oraciones completas:

1. *¿Quién es el personaje principal de esta historia? ¿Cómo lo apodaban?*

2. *¿Qué sucedía en la vida del protagonista? ¿Cómo se sentía?*

3. *¿Con qué pregunta invadió el autor a Martín que le causó incomodidad? En tus propias palabras explica la respuesta del hombre a esta pregunta.*

4. *¿Cómo se despidieron los dos amigos? ¿Qué pensaba el autor sobre Martín después de que cada uno se fue por su lado?*

ANÁLISIS. En parejas, respondan a las siguientes preguntas:

1. *¿Qué mensaje nos enseña el autor en este relato?*

2. *Identifica el lugar, el tiempo, los personajes y el tema principal de esta historia.*

3. *¿Por qué crees tú que Martín se sentía tan solo realmente?*

4. *En tu opinión, ¿crees que el comportamiento del autor hacia Martín fue el apropiado? Explica tus razones.*

Manuel Murrieta Saldívar

YA MUERE DURMIENDO LENTAMENTE

El anciano caminaba empapado de hambre y noche. Se sostenía ocasionalmente en el cerco que rodea la universidad para no dejar caer su tragedia casi centenaria. Atrás había dejado el candente flash noticioso y los carritos jatdoqueros con la seguridad de que nadie se acordaba de él; era de nuevo su diario viaje de soledad rodeado únicamente por el anaranjado brillante del bulevar nocturno. Arrastraba los huaraches de sus pies; sin estar borracho, temblaba su cuerpo añejo cubierto de ropa color caki, coronado por un sombrero conseguido en una ganga. Olía a sudor, a sudor de ese tipo de jornadas prolongadas casi como la eternidad, que desfiguran los rostros, que provocan un cansancio triste y una mirada que se pierde como la de un incomprendido.

No obstante a que su andar era tambaleante y lento, los noctámbulos lo esquivaban tanto física como mentalmente. Pero irradiaba cierta felicidad ya que si se le miraba a corta distancia parecía orar a un Dios, agradeciéndole la llegada de la noche, el término de otro día que lo acercaba a su inminente descanso de extinción.

Entonces un caminante lo rebasó, pero esta vez, pensando quizá en el pan de mañana, dejó su timidez y le habló para pedir lo que había que pedir. Primero se entabló un diálogo como en silencio que resultó, en medio de la penumbra, una iluminación mutua, fugaz pero vivificante. El choque de rostros fue impactante, así como cuando un joven trabajador mira su destino de desgaste en la cara acabada de un anciano jubilado; o cuando éste ve, en un perfil fresco y firme, sus antiguas esperanzas ya enterradas y ahogadas por la tierra infértil de años de labores rutinarias.

El viejo, aprovechando la atención que recibía, olvidó el dinero que solicitaba y comenzó a balbucear su historia de labriego engañado, de campesino utilizado; había que tomar ventaja de ese oído grande que ahora lo escuchaba, a él y a nadie más, durante algunos minutos. Su palabra experta pero quejumbrosa saltó de entre los tres o cuatro dientes amarillos incrustados en su dentadura, una dentadura que raramente mastica alimentos tres veces al día. En cierto momento, mencionó haber prestado su fuerza laboral en un campo de la Costa de Hermosillo, por allá en los años cincuenta, cuando se iniciaba la construcción de esa riqueza que después cayó solo en unos cuantos, pero que a la vez produjo una amplia pobreza entre los trabajadores de la tierra, como en el anciano, que ya nunca pudo superar.

Le comentó al ambulante haber nacido en los inicios del siglo XX, que sus padres lo bautizaron con el nombre de Domingo en la iglesia de Pánuco, Veracruz de donde hubo de salir a conquistar el mundo. Pero nunca pudo pronosticar que él iba a ser el conquistado, succionada la sangre de su vida: mostró la mano con tres dedos menos que habían sido triturados por una

Manuel Murrieta Saldívar

máquina agrícola que nunca fue suya. Y aún así, poder de la sobrevivencia, recordó haber sido trasladado a trabajar en las minas de la sierra donde "honestamente" luchó por la existencia.

Durante esa charla de desfogue, platicaba anécdotas y situaciones confusas, historias increíbles de injusticia que nadie o muy pocos entenderían o reconocerían, pero insistió que en el presente ejercía el oficio de barrendero en alguna calle asfaltada que no recuerda su nombre. Luego su memoria se reubicó, recapacitó al pensar que la escasez de alimentos en realidad era el motivo principal de esta conversación intempestiva con el desconocido... la suerte quizá le soltaría unos pesos. Y así fue.

La acción solidaria le resultó estimulante, lo suficiente para desenmarañar ahora las causas de ser otra víctima de la soledad en que subsiste. Todo, no es difícil suponerlo, se debe al desprecio e incomprensión de la gran familia social, la de él, la nuestra, la de todos, porque fuimos descubriendo, a medida que envejecía, que ya no daba otra cosa más que lata. Que era mejor olvidarlo porque ya no produce, no carbura, solo da lástima y vergüenza.

El viejo era insistente, sabedor siempre, experto ya en tomar ventaja de la última oportunidad, y entonces prosiguió con su tragedia senil, sacar a borbotones su palabra quejumbrosa. También sufría una metamorfosis en su rostro, apareciendo cada vez más oscuro, sus facciones heridas por el deseo inmenso de hablar, de ofrecer no amor, sino denuncia hacia el prójimo. Ojos liberando agua salada, ácida, arrugas que se adhieren a los pómulos, fruncir el ceño junto con la insistencia mientras que el índice señala responsables directos o indirectos, dedo que se dirige como fantasma a los nombres de hombres, de patrones, de líderes, de dueños de campos, de oficinas, de políticos. Es un quitarse el sombrero de paja, acariciarse la frente, la cabeza, limpiarse el sudor frío de sus noches de olvido.

El bulevar es un asfalto despoblado, llora de vez en cuando con el humo de los autos, los brazos negros de los árboles se extienden hacia el aire, el cerco mudo de la universidad: todo esto abraza al viejo fríamente, son las únicas compañías que la ciudad del sol le ofrece. Luego mira fijamente al desconocido en turno, la mano mutilada lo toca y observa con sinceridad la atmósfera empolvada, esa que se levanta veloz sobre el final del día y de las construcciones y de las cabezas de todos los noctámbulos. El anciano parece reforzar su fe, analiza a las estrellas opacadas con las luces del mercurio terrenal; luego entreabre su boca de espanto, deja ver de nuevo los dientes que le quedan, sube los párpados al cielo y sonríe embriagado, arrobamiento quedo de su pronunciación:

—El que está arriba pagará a según la fe de uno—advierte y termina de tocar al visitante, ese que osó ingresar a su privacidad. Ahora es un agradecer la ayuda monetaria, vibrar de piernas que ayudan a avanzar, a recoger de nuevo su intenso aislamiento, se inunda de satisfacción, muestra ya de una vez esa terrible risa de pobre niño viejo y gime:

—Dios te bendiga, Él es el que ayuda... don Domingo enfila luego al cercano asilo de ancianos, llega pero parece que no hay ningún lugar y se mete entonces al hospital contiguo. Vuelve a pernoctar ahí sus noches últimas, vuelve a esperar los días subsiguientes, a barrer esa basura dejada por nosotros, preámbulo de muerte, lo que en secreto de él queremos todos, lo único que quizá desea en cada nueva mañana que invade su lecho helado donde ya muere durmiendo lentamente...

Manuel Murrieta Saldívar

EJERCICIO:

NUEVAS ORACIONES
¡Practica tu creatividad! Selecciona en este relato verbos o frases que más te llamen la atención. Ahora crea una oración totalmente nueva y original usando tu imaginación.

_____
_____
_____
_____
_____

VOCABULARIO

1.	**Empapado**	lleno, inundado
2.	**Centenaria**	que tiene cien o cerca de cien años
3.	**Jatdoqueros**	relacionados con "hot dogs" o "perros calientes"
4.	**Huaraches**	sandalias toscas de cuero
5.	**Añejo**	envejecido, maduro
6.	**Ganga**	cosa que se consigue sin esfuerzo o por poco dinero
7.	**Tambaleante**	inestable, inseguro
8.	**Noctámbulos**	que vagan durante la noche
9.	**Inminente**	cercano, próximo
10.	**Labriego**	campesino, agricultor
11.	**Deambulante**	vagabundo, caminante
12.	**Asfaltada**	pavimentada
13.	**Desenmarañar**	desenredar, aclarar
14.	**Carbura**	funciona con normalidad
15.	**Senil**	vieja/o anciana/o
16.	**A borbotones**	rápidamente y sin orden
17.	**Metamorfosis**	cambio profundo
18.	**Arrobamieno**	encanto, entusiasmo

CUESTIONARIO

COMPRENSIÓN. Contesta las siguientes preguntas en oraciones completas:
1. Nombra tres aspectos del hombre que es descrito por el autor al comienzo de la historia.

2. ¿Qué supuso el autor que el hombre le agradecía a un Dios?

3. ¿A qué se dedicaba el viejo antes de vivir en la pobreza? ¿A qué se dedica en el presente?

4. ¿Cuál era el nombre del viejo y dónde fue bautizado? ¿Qué le pasó en su mano según el autor?

5. ¿Cuáles eran las únicas compañías que la ciudad le ofrecía al pobre hombre?

ANÁLISIS. En parejas, respondan a las siguientes preguntas:
1. ¿A qué se refiere el autor al decir "...habló para pedir lo que había que pedir."?

2. Escribe un párrafo o resume en tus propias palabras el final de la historia y lo que le pasaba al viejito.

3. ¿Por qué razón dice el hombre "el que está arriba pagará a según la fe de uno"?

4. ¿Te ha tocado ver a ti a alguien como el viejito de esta historia? Describe brevemente tu experiencia y lo que te hizo pensar y sentir.

EL VIAJE RETROSPECTIVO DE LA SECRETARIA

Perfectamente bien, la secretaria esconde un enfado que no puede evitar. Muy de seguido, en la oficina humeante de murmullo, emite una sonrisa maquinal mientras se conserva sentada detrás del escritorio con cierta pesadumbre. Como es lo típico, recibe insinuantes miradas de superiores, influyentes o conquistadores esporádicos que observan su cara enflaquecida pero atrayente, sus piernas torneadas que deja ver de vez en cuando, soportando todo, a menos que vista informalmente en pantalones de mezclilla.

Tiene años arrugándose en ese empleo al punto que ha perdido la curiosidad por conocer lo que emana de distinto fuera o dentro de la oficina helada. Hace casi todo por inercia: en cualquier hoja que cae en sus manos, escribe lo que tiene que escribir, archiva la copia, envía el original para la firma del jefe y de ahí en adelante su aportación se pierde sin remedio, cosa que no le importa en absoluto, yo hago lo que me dicen y punto, se consuela.

Más o menos a partir de la diez de la mañana, comienza el obligado rondar penetrante del humo del tabaco que acabó por aceptar, cruzándose de brazos y sonriendo, como sucede con cierta gente respecto a la contaminación del ambiente. Una que otra vez chupa un malboro laigt para calmar esa intranquilidad, esa duda, especie de titubeo y confusión que aún no se preocupa en preguntar de dónde viene, es que estoy nerviosa, ¿ves?, y luego pide otro.

Entre teclazo y teclazo en la fachosa computadora adquirida por el jefe para nivelar el progreso de la oficina y elevar el rendimiento, la secretaria prepara el típico café: tráeme uno, ya

sabes cómo, a cada instante le insisten. Sin embargo, siempre hay resquicios de tiempo para la llamada telefónica a colegas de otras oficinas, y es el platicar sobre los galanes, el nuevo capítulo de la telenovela, de la fulanita que ya compró carro nuevo, de que síguele, al cabo el jefe no se da cuenta, hasta colgar el auricular después de varios minutos de improductividad, como si no hubiera pasado nada, quedando hueca, insatisfecha de su necesidad comunicativa.

También hay lapsos para recibir a amigos íntimos; al principio esas visitas le preocuparon debido al qué dirán, después no le importó como tampoco las burlas de las compañeras, y qué, dice, sin dejar de observar las miradas de envidia de otras secretarias más antiguas que le provocan un susto quién sabe por qué.

Llega el medio día, mira por instinto el reloj de pared con la esperanza de apresurar el horario para escapar de la oficina e ir en busca del almuerzo. Nunca se sabe si realmente ansía la hora de comer para hacerlo o para aprovechar el momento olvidando, feliz, los escritorios de miedo. Al regreso, entra con una sonrisa espe-

Manuel Murrieta Saldívar

cial, casi de sinceridad, satisfacción que desaparece, sin que ella lo perciba, cuando comienza otra vez a palpar el teclado... luego va a soportar otra espera, la de la salida, para llegar por último, al fin, otro día más, al aislamiento tranquilo y reparador del hogar familiar.

Y así más o menos hasta el jueves cuando empieza el gotear de invitaciones para el centro nocturno; los jefes y otros jerarcas, discretamente, la invitan en persona y los pretendientes extra oficinales lo hacen por teléfono. Es entonces que la secre siente la utilidad de enamorarse para siempre y no tener molestias, pero su corazón aún está rodeado de una frialdad suficiente para mantenerlos a raya, en guardia, tomando solo lo que conviene, como lo hacen con ella en la otra frialdad de su oficina. No obstante, acepta la invitación del que tiene el mejor auto, se larga contenta y sin remedio al mareo de la discoteca, a la hora feliz del bar, olvidando papeles, horarios, miradas, rutinas, enfados, presupuestos, quincenas y desesperanzas.

Cuando despierta ya es lunes, ya está otra vez ahí, con cara saneada y desgastada, mañana cualquiera cuando mira a una veterana oficinista manejando las teclas a su antojo, haciendo ahora la pregunta tabú, por vez primera toma el riesgo, por primera vez su primera queja: ¿sabes qué?, la secretaria se atreve, ya estoy harta, estoy muy enfadada aquí, y le responden de inmediato, seca, descarnadamente, ¿ah sí?, y desde cuándo, ni parece, por qué no lo habías dicho antes, y entonces qué vas a hacer ¿eh?... y medio sonríe, es la evasión como diciendo siempre no, olvídalo, es dar la impresión de que el tema no tiene la menor importancia. Es mejor proseguir la faena aunque un poco más tranquila porque la pregunta, extraña, muy extrañamente, ha hecho que inicie una inusual reflexión sobre la historia de su vida, llega al grado de sentir un pequeño mareo, pedir permiso para ausentarse sabe por cuánto tiempo.

Reporta que padece calenturas y dolor de cuerpo; sin la ayuda de los miembros de la familia, algo la obliga a no pensar en el trabajo, ni en la economía de la casa, mucho menos en las invitaciones que se van acumulando, no atender a nadie, eliminar todo lo que perturbe desde el exterior. Pero piensa, por raro que parezca piensa en sí misma, ahora soy yo, me toca a mí, no puede apartarse de su propio pensamiento, llega inclusive al extremo, a la exageración de preguntarse ¿quién soy, qué hago con mi vida?

Recuerda entonces la promesa de mujer que fue en sus años de preparatoria, sueños que construía, impulsos y motivaciones que quedaron en las alturas inalcanzables de la imposibilidad, del constante posponer las cosas para cuando se pueda, el olvido, la dejadez, todas esas acciones irrescatables. El poder de la memoria, del desesperado rescate de la vida esfumada, la obliga a realizar una especie de viaje retrospectivo, hacia atrás, casi hasta el principio, para hacer ese recuento existencial ahora irremplazable. Ahondar en sí misma, ahora es el momento, es un ejercicio, un acontecimiento espectacular que nunca ha padecido, que lo hace con placer pero también con cierto enojo, la falta de costumbre, un intenso extrañamiento ante tanta profundidad.

Luego la envuelve el irrefrenado deseo de hacer otras cosas, inventar algo con sus manos, usar la imaginación, aprender a saber sacarse lo de adentro. Y reconoce estar agotada, cansada ya de repetir y satisfacer esa relativa importancia de acatar las órdenes de arriba. Entre la cascada, el remolino de las imágenes del pasado, visualiza el plan que tenía cuando era adolescente, aquel romántico e imposible sueño de aprender a tocar el piano, calcar ese atardecer cuando salían al mar, la lectura que descubría al pasar rápido frente al estante de la librería, dónde, por Dios, dónde habían quedado, aquel poema o pensamiento que le escribieron en el cuaderno de química, todos todos esos proyectos...y una gota de lágrima cayó nostálgica en sus manos encalladas de teclear.

Pudo captar también un inesperado beneficio dentro de su soledad e hizo el último esfuerzo, fuerte, tremendo, de comenzar a intentar la reorganización de su vida porque su cuerpo se desgastaba, casi estéril, su potencial desperdiciado, su capacidad que no se aprovecha al máximo... ¿vale la pena seguir en la oficina? Entonces se reubicó, se decepcionó, había que apoyar satisfactoria e irremediablemente a la familia, pero al mismo tiempo, y poco a poco, ir deshilando la impaciencia de resolver su existencia, aunque sintiera dominarse por la debilidad, no quería regresar a su puesto de secretaria sin haber cambiado nada.

VOCABULARIO

1. **Retrospectivo** — que se refiere a un tiempo pasado
2. **Maquinal** — involuntaria, inconsciente
3. **Pesadumbre** — tristeza, disgusto
4. **Insinuantes** — provocadoras, sensuales
5. **Torneadas** — bien formadas
6. **Inercia** — rutina
7. **Resquicios** — oportunidades, posibilidades
8. **Fulanita** — mujer indeterminada o imaginaria
9. **Auricular** — parte del teléfono que se aplica al oído para escuchar
10. **Lapsos** — tiempos, espacios
11. **Jerarcas** — jefes, mandatarios
12. **"Secre"** — secretaria
13. **A raya** — dentro de los límites establecidos
14. **Quincenas** — pagos que se reciben cada quince días
15. **Saneada** — libre, limpia
16. **Dejadez** — pereza, desinterés
17. **Esfumada** — apagada, borrada, desaparecida
18. **Nostálgica** — triste, apenada
19. **Extenuante** — fatigante, agotador
20. **Organigrama** — esquema de la organización de una empresa o de una tarea

Y lo meditó, concibió con paciencia la salida del trabajo, pero se topaba con la exigente realidad de no saber hacer otra cosa más que el oficio de aplastar teclas en español y en poco inglés; sintió que su destino indeseado era sin remedio ese de la oficina, qué más puedo hacer, los años se vienen encima... hasta que arribó un asomo de alivio, se ubicó, vino el ajuste. Definida y repuesta, volvió a tomar el camino del trabajo de siempre, mostrando cara de resignación, y seriamente mujer se dejó sentar en su escritorio sonriendo sinceramente a su alrededor. Respondía: estoy bien, fue solo una pequeña recaída pero estoy bien no se preocupen, decía entre las miradas de siempre, el humo de siempre, las visitas e invitaciones a comer o bailar de siempre que ahora no aceptaba con la facilidad de siempre...

Pero la jornada se tornaba distinta, no era la de siempre, no resultaba tan extenuante, incluso encontraba el placer real de la moderna computadora, transcurriendo los días como lo hacen siempre aunque ahora, durante las mañanas y antes de salir al trabajo, se da tiempo para sí, buscando la salida del sol, trotando, haciendo un poco de ejercicio, saludando a otros corredores o a los vendedores de periódicos. También, cada tres o cuatro noches por semana, se acuerda de sí misma cuando avanza con sus lecturas acumuladas, cuando toma sus primeras clases de música y pintura, cuando viaja cada fin de semana, todo eso hace, todo eso financiado con su irrenunciable empleo de secretaria del que es difícil que escape aún con todos los cambios del organigrama que se den en la oficina...

EJERCICIO:

PREGUNTAS
En parejas o en forma individual, juega a las preguntas. Basándose en la trama o en los personajes de esta historia elabora preguntas de cierto o falso. ¡O haz preguntas a donde te lleve tu imaginación pero siempre relacionadas con el relato!

Manuel Murrieta Saldívar

CUESTIONARIO

COMPRENSIÓN. Contesta las siguientes preguntas en oraciones completas:

1. ¿Quién es el personaje principal de esta historia? ¿Qué le sucede al principio de la historia?

2. ¿Con quién y de qué habla la mujer en la llamada telefónica?

3. ¿Por qué razones mira tanto el reloj la secretaria al medio día? ¿Qué espera la mujer después de regresar del almuerzo y a dónde va?

4. ¿Qué sucede con frecuencia los jueves? ¿Qué desea hacer la mujer sobre esto?

5. ¿Qué es lo que obliga a la secretaria a hacer un "viaje retrospectivo" como dice el título?

6. Al final de la crónica, ¿qué decide hacer la muchacha con su vida y por qué lo hace?

ANÁLISIS. En parejas, respondan a las siguientes preguntas:

1. ¿De qué manera crees que se siente la secretaria con respecto a su vida y a su empleo en el comienzo de la historia? Explica tu opinión.

2. Describe en tus propias palabras cómo es un día en el trabajo de la mujer. ¿Cómo te sentirías tú en su lugar?

3. Haz un resumen del "viaje retrospectivo" de la secretaria. ¿A dónde viajó y qué recordó de su pasado?

4. ¿Crees que volver a "vivir" sus sueños de juventud le afectó en algo a la chica? Da detalles en tu respuesta.

SENTIRSE RICO PARA SER FELIZ

Usted lo verá devorando las calles de Hermosillo montado en su añeja bicicleta y echando el grito al aire de que vende tehuas, usted mirará su edad de principios del siglo XX y le caerá simpático y luego le preguntará, olvidándose de lo que vende, cómo le hace para ser "pobre pero tan feliz".

Y mirará la sonrisa de sus ojos, los cortos pelos blancos de la cara, su piel erosionada por ríos de vida y, cuando se canse de mirarlo, observará después la bicicleta queriendo buscar los años que lo han envejecido en su negocio de venta de baqueta. Y quizá no soporte la intención de platicar: él le contará su historia, se estacionará en la banqueta para detener el tiempo, desde su nacimiento hasta la más reciente generación que ha esparcido en la ciudad, y ambos harán a un lado las tehuas color café que vende, haciéndose amigos siquiera por un instante.

El viejo le dirá su nombre, Jesús Arvallo Salido, que nació en Nacozari de García por allá en 1913, revelará su histórica profesión de agricultor en las márgenes del antiguo río Batuc, su hermoso matrimonio ahí y su venida después a la "gran urbe" para que sus nueve hijos estudiaran porque los otros siete que tuvo "fueron malos partos y murieron".

Que a su llegada hace 43 años empezó vendiendo espuelas, frenos, monturas y cinchos y que ya no los hace "porque ya no hay tantos caballos". Que entonces decidió vender solo las tehuas siempre en su vieja bicicleta, "que me ha dado para que mis hijos salieran licenciados, ingenieros, contadores públicos y maestros".

Y que enviudó pacientemente hace nueve años cuando su esposa murió por un derrame cerebral; "pero aún me siento bien como si tuviera 15 años, por el deporte que hago en la bicicleta, y todavía quiero casarme con la bailarina Olga Briskin". Que su casa está en el sector de Villa de Seris, calle Mina número 50, y que nunca ha sido borracho, ni de soltero ni de casado, ni cigarros, ni cerveza, ni mezcal, que no tiene días de descanso "porque me gusta el trabajo", que para él siempre es lunes porque "tengo el corazón siempre alegre".

Manuel Murrieta Saldívar

Le contará también cuándo fue que compró la bicicleta a 200 pesos, por allá en el año de 1948 a don Jorge Verdugo, "el que hacía frenos para caballos por rumbos del Colegio Lux y si quieres te enseño la factura". Y con el velocípedo sube a los cerros en los barrios de la Metalera, del Coloso y de la Cinco de Mayo "porque en carro no se puede"; que recorre todo Hermosillo y a veces no vende nada "pero no me importa porque ya eduqué a mis hijos".

Don Jesús no parará de narrarle y le dirá además el secreto de su bienestar: "soy una persona pobre pero muy feliz, nada más hay que sentirse rico y más porque mis hijos estudiaron, no se pelean y mi esposa fue muy buena".

Y si ya no hay más que le platique, él montará su amada bicicleta, dará unos fuertes pedalazos y le explicará con gritos cómo vende esos zapatos de cuero que le mandan de Guadalajara para los pobres y ricos, y muy fuerte escuchará: "¡tehuas del otro lado, tehuas del otro lado... pero de la Piedra Bola!"... Y usted sonreirá por dentro cuando vea que se puede ser feliz todavía, siendo pobre y con muchos años y tehuas en los pies...

VOCABULARIO

1. **Tehuas** — calzado típico del estado mexicano de Sonora
2. **Erosionada** — desgastada, estropeada
3. **Esparcido** — extendido, dispersado
4. **Márgenes** — orillas, bordes
5. **Urbe** — ciudad, capital
6. **Espuelas** — arcos de metal en forma de estrella que se ponen en el calzado de los jinetes
7. **Monturas** — sillas de caballo, armazón
8. **Cinchos** — cinturones de vestir o para llevar la espalda
9. **Mezcal** — bebida alcohólica que viene de una variedad de maguey
10. **Factura** — recibo, cuenta
11. **Velocípedo** — bicicleta
12. **Bienestar** — felicidad, paz

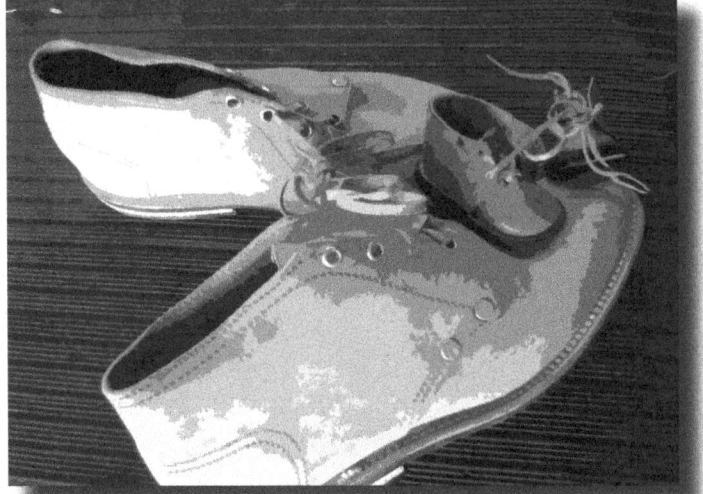

EJERCICIO:

CONJUGACIONES
Recuerda el significado de "conjugar" un verbo. Subraya al menos unos diez verbos conjugados. ¿Cuál es el tiempo verbal que más se repite, cuál segundo, cuál tercero?

CUESTIONARIO

COMPRENSIÓN. Contesta las siguientes preguntas en oraciones completas:

1. ¿De quién habla el narrador al principio del relato y dónde se encuentra este hombre?

2. ¿A qué se dedica el viejo y qué es lo que la gente le pregunta constantemente?

3. ¿Para qué vino el hombre a la "gran urbe"?

4. ¿Cuál es el secreto del bienestar de Don Jesús?

ANÁLISIS. En parejas, respondan a las siguientes preguntas:

1. Describe cómo era el viejo físicamente y mentalmente.

2. ¿Qué moraleja nos deja esta historia?

3. ¿Qué opinas de lo que decía el viejo de que hay que "sentirse rico para ser feliz"?

ERA UNA FIESTA EN KINO

La multitud se enamoró del mar olvidándose otra vez de iglesias y ciudades. A partir del lunes, iniciaron en caravana la candente marcha hacia las playas del oeste. Estaban ahí las incansables olas que eran recogidas por el alcohol humano y la ingenua piel de los infantes y otros bañistas inocentes. Sin embargo, durante la tarde del viernes santo, hubo un instante desgraciado en que la muerte humedeció los caros arenales de Bahía Kino: María Concepción López, una desconocida por los siglos de los siglos, se había ahogado para siempre en las orillas del golfo. Muy pocos se percataron que la tragedia coincidía con el "recordado" fallecimiento de Jesucristo.

También durante ese día, pero a la salida de Hermosillo rumbo al balneario, cuatro jóvenes universitarios comprobaban impávidos la moderna desconfianza de la gente porque no conseguían "aventón" entre los conductores nacionales o extranjeros. Después de sudar horas y horas, una pareja de muchachos del barrio "El Choyal" se acomodó en la caja de un pic-ap que solo los transportó hasta la carretera frente al aeropuerto. Otros optaron por contratar el servicio de los taxis e inclusive hubo pobres que se atrevieron a pagar los cientos de pesos de la tarifa. Los más resignados pararon el camión, se apretujaron entre el pasillo y los asientos, sin saber a ciencia cierta si habían cubierto su boleto, pero soportaron de pie el trayecto de hora y media hasta caer entre el olor humano que ya festejaba sabe qué.

Para ese entonces, la multitud en el poblado de Kino Viejo sonreía a las aguas marinas con su incesante beso a una arena trastornada y bautizada desde horas antes con latas y desperdicios de comida. La atmósfera playera era una mezcla de humo de pescado y carne asada, de tabaco y auto, de ebriedad de hombres deambulando en las pequeñas calles que ofrecían cerveza, elotes, aguas frescas, picos de gallo, posters de artistas juveniles o emanaban notas "en vivo" de un obeso mariachi y un picudo conjunto norteño. Esta conjunción ofrecía y fabricaba un tipo de felicidad que no dejaba de ser artificial

Manuel Murrieta Saldívar

pero agasajaba delirante y evasiva a los acalorados clientes de los improvisados restaurantes construidos con láminas de cartón negro. Después, medio satisfechos, surgían cientos de "mirones" que balbuceaban al observar sin remedio la protuberancia de unos muslos apretándose en algún frondoso "short" que por casualidad había llegado hasta los ojos de Kino Viejo.

La mayoría éramos turistas de segunda clase, sobre todo los "novatos" que impulsivamente querían ya confundirse en la playa y captar la masa humana en su oficio de bañistas temporales; como una explosión, se congregaban sobre la arena caki impotente de revelarse contra la invasión de botes, plásticos y otros insultos ecológicos. Había chavalos con las mochilas y las muchachas pegadas a la espalda, emprendían a pie rumbo a las olas del otro Kino dejando atrás los debiluchos baños públicos y despreciando al oportunista servicio de transporte; pero los camiones fueron un éxito porque siempre se miraron repletos de pasajeros en la búsqueda de completar el refugio. De este modo, el turismo social nunca tuvo las ventajas y placeres que gozaron los privilegiados de auto: éstos solo padecieron la irrenunciable molestia de cargar combustible en la única gasolinera de la comarca que así desquitaba la soledad económica de meses y meses anteriores sin semanas santas.

Ya en Kino Nuevo, nacía a cada instante el contraste de la fiesta colectiva. Se iniciaba desde el hotel "Posada del Mar" hasta el "Cerro Prieto"; flotaba el bullicio como realidad y sueño, se unía musicalmente al eterno ritmo de la espuma tibia. Los miles de invitados al convivio de sol, mar, banquete, trago, "flirteo", escape y aventura vital, deambulaban hedonistas por las calles, playas, montañitas, arbustos y dunas. Y lo hacían tranquilamente desde la mañana hasta el apasionante fandango nocturno; en cualquier caso ofrecían un espectáculo gratuito, casi, casi libertino y tropical. Muchachas en traje de baño se estacionaban coquetamente sobre las banquetas húmedas haciendo un recuento de las miradas masculinas. El contraste lingüístico surgía al leer los avisos, solo en español, de *esta playa es tuya, consérvala limpia*, mientras que otros anunciaban, solo en inglés, tarifas y servicios de hoteles tres estrellas, restaurantes, discotecas y servicios de remolques. Jóvenes con sendas grabadoras y paliacates avanzaban sin rumbo mientras la arena temblaba por el viento. Parejas escondiéndose entre los matorrales.

Manuel Murrieta Saldívar

DE VIAJE EN MEXAMÉRICA

Letreros de la empresaria Alba Tobin, "Bienes Raíces", aparecían repentinamente en la distancia ofreciendo 300 ó 400 metros cuadrados. Hubo tiendas de acampar que le vibraban al sol, al aire y a las estrellas junto con borrachos estirados, encogidos o desalojando la playa hacia la calle embarrada de arena. Los "júniors", hijos de papi, respondían bronceados frente a la mansión familiar, recargados sobre los inevitables carros brillantes a pesar del polvo de aire y de brisa. En esta lucha de clases festiva, los "batos y morros" solamente pudieron escabullirse entre los patios de las residencias para expropiar siquiera agua dulce, bebible. El recuerdo de la ciudad fue traído por el insistente campanar del "carrito de la nieve", enfadando hasta el cansancio o la pachanga se sobresaltaba ante el inesperado y alarmante alarido de ambulancias y patrullas, rompiendo el vaivén marítimo.

Pero resultó ideológicamente saludable percibir la sonrisa de militantes izquierdistas recuperando quizá la libertad de la comunidad primitiva. Las féminas, siempre en grupos, y los varones, a como fuera, necesitaban un poco de soledad para orinar. Poderosos pic-aps acercaban las cervezas en six pack's. Para algunos, el mayor de los insultos fueron los monstruosos e inaccesibles campers gabachos que relucían en los trailers park. En tan solo un vistazo, surgió la imagen de centenares de jóvenes haciendo cola en el expendio de licores. Una queja muy viril: "casi no traen bikinis... es que se las comen vivas". El negociante, oportunista por supuesto, que levantó un verdadero centro comercial con puras lonas y postes. Verdes ojos como las aguas de Kino. "Hay más cerveza que agua, hay más gente que pescados". Los que se miran por vez primera y se hacen amigos para siempre. Las chicas gritan, preguntan: "¡Oye, acaban de llegar, eeh!..." después se esconden como liebres. Y el policía que cuidó el tráfico dentro de su charanga particular. Sobre una carpa hecha con sacos alguien lee: "se solicita sirvienta, sepa hacer de todo. Tres mil pesos diarios". Dos gringos veteranos de la II Guerra platican estereotipos como "la noche anterior la policía apresó a diez muchachos por fumar mariguana". No alcanzó el presupuesto. Los "popis" en la improvisada discoteca, los morros y carnales en las fogatas playeras, todos con ebrias sonrisas. Resignarse con un radio AM. Se arremolinan las olas al volar el pelícano rodeado en soledad y abajo una pareja termina exhausta dentro de su miniauto. Ese pañal desechable flotando en la marea. Un amor que nace y nadie lo percibe. Venir al mar y no bañarse...

Manuel Murrieta Saldívar

Pero aquellos buscadores de naturaleza virgen no pudieron hallar su paraíso. Tuvieron que conformarse con reexplorar las faldas de montañitas casi inaccesibles, los arrecifes de escasos corales, las cuevitas de poca huella humana del Cerro Prieto. Al otro extremo de la bahía, rumbo al sureste, hubo algunos que creyeron descubrir por vez primera al vivificante estero. Ahí mismo, aficionados al marisco rasgaron el lodo negro y salado en su ansiedad de consumir almejas naturales pero la superficie hervía de caracoles minúsculos. Desde cualquier punto de la playa siempre emergió dominante el horizonte general, un tejido conformado de senos azules, de islas gigantes y pequeñas, rayos de vapores atmosféricos, blancos y plomos como el viento en una fusión lejana movida apenas por los barcos de pescadores. Y, en toda esa geografía, durante las noches santas, mientras que los efímeros amantes del mar se ataban a su diversión, el cosmos estrellado e inviolado aún, se abría para todos. No obstante, casi nadie miraba hacia arriba ocupados en beber lo que había que beber, en tocar lo que había que tocar, olvidar lo que había que olvidar, y había de hacerse muy rápido, muy rápido porque llegaba el lunes...

VOCABULARIO

1.	**Caravana**	multitud, muchedumbre	11.	**Paliacates**	paños contra el sudor
2.	**Arenales**	playas, arenas	12.	**Matorrales**	arbustos, malezas, plantas
3.	**Impávidos**	valerosos, que no sienten miedo	13.	**Gabachos**	gringos, norteamericanos, extranjeros
4.	**Tarifa**	precio, costo	14.	**Viril**	masculino, varonil
5.	**Apretujaron**	apretaron, comprimieron	15.	**Popis**	presumidos, creídos, gente rica
6.	**Ebriedad**	borrachera			
7.	**Novatos**	principiantes, inexpertos	16.	**Fogatas**	fuegos, lumbres
8.	**Chavalos**	chavos, chicos, muchachos	17.	**Vaivén**	balanceo, movimiento de un lado a otro
9.	**Comarca**	lugar, zona	18.	**Estero**	desembocadura de un río en el mar
10.	**Bullicio**	alboroto, ruido			

EJERCICIO:

PRONOMBRES

¿Recuerdas todos los pronombres? Identifica a las personas o seres que llevan a cabo las acciones en al menos seis oraciones. ¡Ahora encuentra su correspondiente pronombre!

yo	tú
el	ellos
ella	ellas
usted	ustedes
nosotros	nos

CUESTIONARIO

COMPRENSIÓN. Contesta las siguientes preguntas en oraciones completas:

1. *¿Qué sucedió la tarde del viernes santo en Kino?*

2. *¿Cómo era la atmósfera playera ese día en Kino Viejo? ¿Qué se celebraba en ese lugar?*

3. *Mientras tanto, ¿qué pasaba en Kino Nuevo?*

4. *¿Qué decían los anuncios en español y qué decían los de inglés?*

5. *¿Por qué la gente no miraba el "cosmos estrellado" que se abría?*

ANÁLISIS. En parejas, respondan a las siguientes preguntas:

1. *Haz una comparación entre la fiesta en Kino Viejo y la fiesta en Kino Nuevo.*

2. *¿Por qué crees que el autor comienza la historia contando la tragedia de Kino?*

3. *Da tu opinión sobre la manera en que los jóvenes celebran la semana santa en esta historia. ¿Por qué crees que se olvidan del verdadero significado religioso?*

4. *¿Cómo celebras tú la semana santa? ¿Alguna vez has sido parte de una fiesta como la de Kino? Describe tu experiencia y si no lo has hecho antes explica ¿qué te gustaría hacer esa semana?*

5. *¿Por qué crees que los anuncios en inglés tenían diferentes mensajes que los de español*

CAPÍTULO VII
LA SEDUCCIÓN DEL VIDEOGAME Y OTROS VIAJES EXÓTICOS

EL PERIODISTA: HISTORIA DE UN VIAJE CÍCLICO

De nuevo despertó con aliento a cerveza y cansada la garganta por fumar demasiado la precipitada noche anterior. Al colocar el primer pie sobre el piso, instintivamente recordó las notas periodísticas escritas la tarde antes y se iniciaron las preocupaciones. Absorbido por la presión externa rápidamente se vistió, enjuagó sin querer el recuerdo a tabaco y consumió el desayuno con dejo de indiferencia porque su mente no estaba ahí.

Las primeras manifestaciones de nerviosismo lo atraparon levemente cuando avanzaba veloz rumbo a la sala de redacción. Sabía que era inminente el hervir de las teclas y el canto de los cables noticiosos revelando, diariamente, su terrible historia de informaciones mundiales. Entró saludando a las fieles secretarias y ya en su escritorio se dispuso a leer el ejemplar del día. Con cierta intranquilidad revisó sus notas; detectó dos o tres errores de impresión que milagrosamente no trastornaron la verdad, su verdad, del mensaje editado. Y, no obstante, fue imposible encontrar la calma deseada.

Entonces bostezó como de costumbre, reinventó la necesidad del café, preparó la taza y, entre sorbo y sorbo, apareció la ansiedad de expulsar humo por la boca y nariz: no vaciló en abrir la primera cajetilla de cigarrillos para satisfacerse. Aunque los rutinarios nervios disminuyeron, algo le preocupaba todavía. Movido por un impulso inoportuno de la conciencia, se atrevió a diagnosticar su cuerpo y supo seguramente que la desesperación que poseía no era otro efecto de la más reciente desvelada. Otra cosa le preocupaba y aún intentó un gran esfuerzo.

Tampoco se sentía víctima de angustias existenciales porque esporádicamente les prestaba atención y por lo general concluía que no tienen la menor importancia. Además, dotado de un envidiable poder de concentración, cuando le invadían esas sensaciones controlaba las que le martirizaran. Aún menos preocupante era la cuestión del dinero; recibía lo suficiente para comprar subsistencias y distracciones superfluas mientras llegaban las próximas entradas. Incluso sin percibirlo, algo, algo le preocupaba.

Cuando probó el quinto cigarro había analizado ya el contenido de los diarios de la competencia. Fue entonces que supo, siempre con la rutina, cuál estrategia seguir para obtener información que conmoviera al lector. A pesar de haber resuelto así una de las tareas más urgentes de la mañana, sonrió imperceptiblemente con leve satisfacción y se desesperó un poco. Quizá recordó lo cruel de la competencia pero triunfante confirmó que se había adaptado al medio como esos insectos que toman el color verde de los vegetales y así desarrollan vehículos de defensa para no ser atacados.

La desesperación decreció un poco al terminar de elaborar su plan del día y luego enfocó su pensamiento hacia el asfixiante ambiente social. Preparado para enfrentarlo, para la lucha, otro pendiente invadió sus nervios matutinos que fueron olvidándose poco a poco cuando casualmente leyó los últimos despachos informativos del télex. Uno indicaba el balance de muertos del último año en los actuales conflictos mundiales y otro le comprobaba, fríamente, a pesar de un reciente tratado, que todavía los armamentos atómicos que quedan podrían destruirlo, como a cada habitante del planeta, hasta más de 30 veces. Prefirió sus nervios, descartó la sorpresa y salió a la calle...

La preocupación seguía empalagando. A la entrada de un magnífico banco, accidentalmente percibió a un individuo que exigía limosna tocando un triste acordeón; ni siquiera se percató del contenido del recipiente de las monedas ni del mal olor del solicitante porque no estaba incluido dentro del plan. Al rato, extendió la mirada hacia las paredes de la universidad adornadas con consignas políticas pero solo sonrió al leerlas. Sin notar el color encendido del semáforo, cruzó la avenida central y tuvo la oportunidad de asombrarse ante el espectáculo de los camiones públicos atestados de pasajeros; pero no se sorprendió porque en ese momento le invadió una sensación reconfortante al disfrutar el privilegio de no viajar ahí adentro. Fue mejor acelerar el paso y mirar el reloj. Calculó que aún tenía tiempo de reserva...

Quiso tener iniciativa, ir comprendiendo el descontrol fugaz e interminable de sus pasos, pero, robotizado, distrajo la atención cuando miró frente a él a un cuerpo femenino ideal para su gusto deseando irremediablemente poseer. Muerta esa imagen volátil, desapareció en la siguiente esquina, reaccionó y pronto recordó la preocupación de su destino.

La jornada de ese día, un retrato de los otros desde tiempo inmemorial, incluía entrevistas con personalidades consideradas claves para el curso de la historia. Precavidamente, discutió con los colegas en el recinto de la misma fuente informativa y nunca reveló el cuestionario que propondría en exclusiva al personaje

VOCABULARIO

1. **Cíclico**	que se repite periódicamente; constante	9. **Empalagando**	molestando, fastidiando, cansando
2. **Sorbo**	trago	10. **Volátil**	inestable, ligera
3. **Dotado**	equipado o provisto	11. **Cubículo**	oficina, cuarto, habitación
4. **Martirizaran**	torturaran, atormentaran	12. **Glamour**	encanto, atractivo, elegancia
5. **Superfluas**	innecesarias, inútiles	13. **Anfitrión**	persona que tiene invitados
6. **Asfixiante**	sofocante, agobiante	14. **Bosquejó**	planificó, diseñó
7. **Matutinos**	que ocurren por la mañana, tempranos	15. **Agonizantes**	moribundas, dolientes
8. **Télex**	telegrama, un tipo de comunicación	16. **Propicio**	adecuado, conveniente
		17. **Cerciorar**	asegurarse, confirmar

Manuel Murrieta Saldívar

en turno. Sin embargo, habló sobre temas generales y al concluir revivió en él una especie de relajamiento porque sus comentarios fueron tan centrados que la mayoría los aceptó... por lo menos exteriormente.

Con todo y esa reacción, que ratificaba su prestigio periodístico, captó que otra cosa le preocupaba y encontró apoyo artificial en el siguiente cigarrillo. Hizo la entrevista y luego de revisar las respuestas, se transportó de inmediato al cubículo de redacción para iniciar, de nuevo, la jerarquización de revelaciones e ideas que demandaban publicación inmediata. Así, su proyecto del día comenzó a celebrar el necesario éxito de siempre.

Y no se preocupó del pendiente de ingerir los alimentos porque al momento de tocar las primeras teclas, recibió la infaltable invitación al restaurante preferido. Probó los bocados más estimulantes, disfrutó el "glamour" de la hipnótica escenografía, respondía "sí" a las solicitudes del poderoso anfitrión en turno y saboreó la cerveza de la tarde. Mostrando el placer del orgullo, cerró el compromiso y regresó una vez más al ajetreado ambiente oficinal. Fue ahí donde reconoció que una ansiedad aún no descifrada le había estado perturbando. Pero la desplazó ante la premura de escribir su informe noticioso y, aunque padeció tercamente el rumor de un

antiguo pendiente, horas más tarde entregó el material casi perfecto.

Apresurado y satisfecho abandonó el despacho encontrándose a la inmensa noche que aún no contenía estrellas importantes. No miró el espacio, las huellas de la tarde, ni una extraña ave que a pesar de su apetecible libertad no sabía qué hacer con el cielo de arriba. Tampoco reaccionó al vislumbrar las risas de los niños del parque de enfrente y jamás conoció a la luna lluviosa blanqueando los vidrios, las torres y edificios. Es que algo seguía preocupándole.

No obstante, probablemente debido al brusco cambio de ambiente, de pie, sobre la banqueta violada, estuvo a punto de preguntarse cuál era la satisfacción más trascendental de la jornada del día. Trabajosamente bosquejó unas dudas y, al intentar responderse, el conductor de un auto gris lo invitó a gastar la noche circulando entre la luz mercurial del bulevar. Qué sonrisa increíble se reflejó en los retrovisores cuando palpó el confort de los asientos y el relax de la velocidad después de haber cumplido con su plan. Lo extraño fue que durante el paseo ignoró al conductor cuando, por un descuido, pudo captar lo tibio de sus dedos expertos en escribir.

Esta inesperada percepción lo reubicó en la temida meditación de preguntarse el porqué de su diaria rutina; sin embargo, imperceptiblemente, ese pequeño instante se convertiría segundos después en un pasado tan remoto cuando el amigo y las seductoras luces danzantes lo hicieron entregarse, otra vez, a la diversión en turno. Y otra noche empezó a distraerlo casi voluntariamente. Fue difícil entender que esas horas agonizantes podrían haber sido el tiempo propicio para iniciar, apenas, la pregunta fundamental de su viaje que cada vez era distinto dentro de la rutina de siempre.

Retornó entonces a su lecho como huyendo de sí mismo. Al cerciorar que de nuevo nadie notó su llegada a la habitación, fue cerrando los ojos simultáneamente a que una lista incalculable de preocupaciones quedaban en el ambiente y se le venían encima. Algo le preocupaba, pensó sin saber cómo. Y luego se durmió o creyó dormir.

De nuevo despertó con aliento a cerveza y cansada la garganta por fumar demasiado la precipitada noche anterior. Al colocar el primer pie sobre el piso, instintivamente recordó las notas periodísticas escritas la tarde antes y se iniciaron las preocupaciones. Absorbido por la presión externa notó que algo le preocupaba, tampoco eran sus sentimientos porque ya no los encuentra...los va dejando siempre para un poco más tarde, no han logrado cabida en ese viaje cíclico que cada día lo aleja de sí mismo...

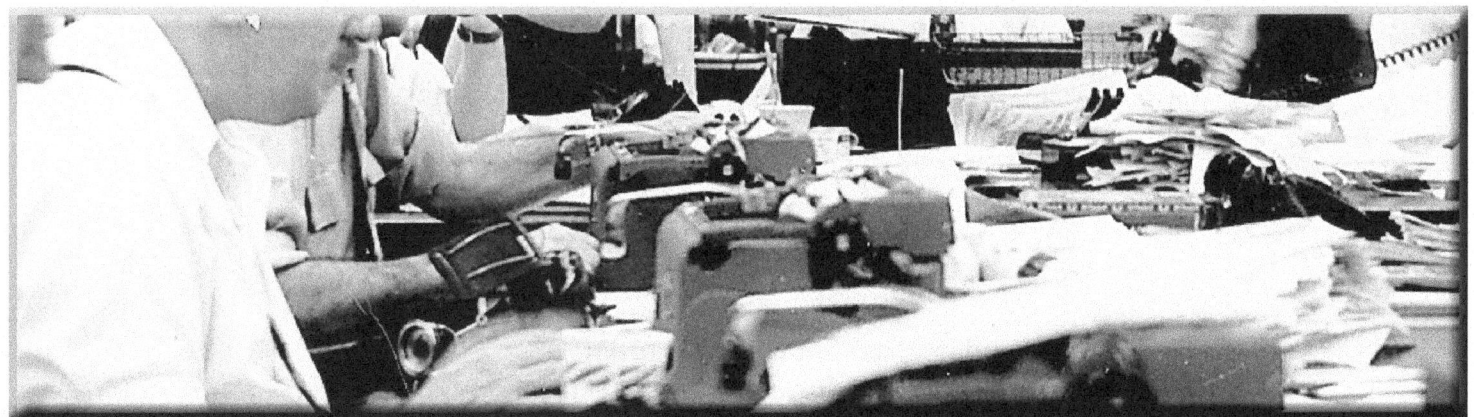

EJERCICIO:

LOS CONTRARIOS
Selecciona en este relato seis oraciones que llamen tu atención. Ahora cambia esas oraciones para que sean totalmente negativas.

Manuel Murrieta Saldívar

CUESTIONARIO

COMPRENSIÓN. Contesta las siguientes preguntas en oraciones completas:

1. ¿De qué se trataban los "últimos despachos informativos del télex" que leyó el hombre?

2. ¿Por qué decidió el personaje salir a la calle? ¿Qué se encontró en la entrada del banco?

3. ¿Qué sucedió en el paseo en el auto gris?

4. ¿Cómo despertó el hombre la siguiente mañana?

5. ¿De qué se preocupaba el hombre durante la historia?

ANÁLISIS. En parejas, respondan a las siguientes preguntas:

1. De acuerdo a las descripciones que da el autor, ¿a qué se dedica específicamente el personaje principal de esta historia?

2. ¿Cuál es el tema que resalta en esta historia y qué enseñanza nos deja?

3. ¿Haz tenido tú "un viaje cíclico"? Describe tu experiencia. Si no haz experimentado esto, ¿qué opinas sobre lo que cuenta este relato?

LA SEDUCCIÓN DEL VIDEOGAME*

Manuel Murrieta Saldívar

Apareció de repente como desaparece el dinero. Cara chorreada, camisa de terlenka agujereada y desgastada, un olor a pobreza esparciéndolo en la atestada cafetería. Los clientes suponían no verlo, aunque lo olieran. Pequeño de edad, pero aún más de posición social, no realizó el típico ademán de limosnero para solicitar ayuda. En cambio, a fin de convencer, derramaba una versión patética y cruel, una historia de marginación propia de un infante hambriento y olvidado que ha soportado ya nueve años de edad. Precavidamente, aunque en forma brusca, primero pedía unas cuantas monedas o billetes. Todo indicaba que en caso de recibirlos, de inmediato optaría por retirarse evitando así narrar, por ejemplo, el ebrio vicio de su padre muriéndose en los fantasmas del trago sin haber llegado siquiera a una institución de rescate.

Pero en caso de no recibir dinero, se preparaba para despertar el interés, la curiosidad, el morbo de los consumidores que luego le exigían desenmarañar su trágico y breve viaje por la Tierra. Ya preparados, le lanzaban discretas preguntas para recibir a cambio latigazos de una realidad infantil susceptible de conmover a cualquier conciencia y corazón. De esta manera, tras mencionar su nombre, Juan Alberto Granillo avanzaba la mirada hacia los parroquianos potencialmente caritativos y vomitaba, en natural caló, los detalles impactantes de su sobrevivencia trotando en los barrios situados en los cerros de la ciudad. La ciudad que lo ignora.

Las imágenes que evocaban sus palabras no eran metafóricas: son tan reales como su estómago semivacío, quizá poblado parcialmente de parásitos provocadores de anemias. Entonces venían a la mente de quienes lo escuchaban cómodamente sorbiendo café, la visión de una casucha donde vive una madre enflaquecida que abandonó al marido. Había sido así —continuaba— porque existían a medias sumergidos a diario en el aroma alcohólico, sin capital suficiente para seguir sufriendo menos. Seca y rápidamente el pequeño balbuceó: "mi amá me manda a pedir dinero porque no tenemos de qué vivir. ¡Ah! y yo no voy a la escuela"...

Cuando consideraba que aún no convencía, utilizaba otra estrategia: alargar su tragedia prematura para impactar con sus dos hermanos menores robados de las manos de la madre, la cual nadaba en llantos, la desesperación por no saber el paradero o las causas de ese rapto inesperado. Los bebedores de café, ya sorprendidos, callaban mirándose mutuamente, como sabiéndose conmovidos. Es que no era necesario hablar para depositar los pesos en las manitas desconocidas de Juan Alberto quien ya exigía sin timidez: "ándele pues, deme dinero"...

Y durante esa tarde de la cafetería instalada en el establecimiento comercial, mientras se percibía en el ambiente helado el murmullo penetrante del consumo y de las grandes compras, el pequeño recibía el pago por concepto de su pobreza trágica. Entonces resurgía magistralmente su sonrisa olvidada, el rápido y hermoso latir del corazón captando la inminencia del apoyo económico de los extraños. Era cuando la palma de su mano se extendía aún más, se abría con frescura, para recoger la cálida aportación que va a servir para comer al otro día, para evitar que la madre lave más ropa ajena con la fuerza de su sangre, para aliviar esa situación de heridos de muerte por el mundo.

Cuando recibía la limosna, brotaba un leve silencio no obstante a que quedaran todavía algunas dudas flotando entre los departamentos del centro comercial. A algunos caritativos consumidores, no les preocupó para nada si las historias del chavalillo tenían rasgos de autenticidad; simplemente donaban la feria sobrante y proseguían la tertulia como queriendo alejarse lo más rápido posible. Probablemente en su interior hacían un esfuerzo por tomar conciencia de que el niño no era el único pobre del rumbo, sino que existen otros, más, muchos, muchos pobres, pobres.

Por su parte, al recibir la ganancia, el chico corría como animal sediento que mira agua fresca después de una temporada de sequía. Y olvidaba al resto de sus potenciales clientes, dejaba a un lado el producto de tragedia y marginación que vendía tiernamente para convencer. Y sus pies y el hambre lo ataban al brillante piso del mall, y caía seducido por las infinitas palomitas de maíz, el olor a pan recién horneado, suspiraba por las tortas y las botanas con chile del kiosquito. Era víctima también de la ropa nueva que atraía pero se escabullía, de las fotos y las cámaras del establecimiento fotográfico, y allá arriba, en el piso segundo, el manjar de las televisiones danzando coloridas, los estéreos y videocaseteras. ¡Aaaah!... y los visibles juguetes infantiles de donde resaltan las bicicletas, los balones, los transformers, carritos electrónicos, todo, todo eso gozado tan solo en su imaginación por los precios inaccesibles para una bolsa casi vacía de monedas gratuitas.

Entonces vagó ebrio de impotencia consumista: saltó en las escaleras eléctricas, se sentó sobre lo terso de los sofás de exhibición, absorbió la ambrosía de una camisola nuevecita, paralizó la mirada frente al videoclip, tocó la vitrina de la relojería pensando quizá en el atraco y tarareó una canción juvenil en la sección de música. Es decir, disfrutaba de su libertad infantil únicamente condicionada, limitada, por la ausencia de billetes para la diversión.

Pero al bajar de nuevo al primer piso, mecánicamente, en pasos peristálticos, como un instinto nato, atraído por la inconciencia, en la búsqueda de un placer largamente pospuesto, sentenciado ya por el "me vale", o todo esto junto, lo hizo dirigirse al salón de juegos electrónicos que bullía de ruidos semejantes a los de una guerra nuclear. Fue cuando ignoró la pobre soledad de su madre en su cocina de cartón, cuando evadió, en un es-

fuerzo de ayuno casi místico, la presión crónica del hambre y transportó al padre y a los hermanos a la inexistencia, olvidando de un chispazo la filantropía de los clientes de la cafetería: cambió todos los pesos de limosna por el "token"—*good time, fun for all*—la moneda especial para la máquina, y no se resistió jamás, no titubeó. La depositó...

Surgieron entonces en la pantalla esas figuras bélicas simétricas y amorfas que había que aniquilar con saña, descargar la destreza y habilidad del apetito de destrucción, disminuir fugazmente la frustración y decepción mientras aumenta el score para convertirse así en el pequeño pobre más feliz del universo. Y como con anteojeras, enfocado solo en esos puntos luminosos, imantado por el cristal eléctrico, sonriendo solitario, ebrio, éxtasis de disfrutar el secreto de la vida, parecía querer eternizar ese momento de fuga mientras la realidad de su dinero de limosna se volatizaba, se extinguía, se unía a las enormes ganancias del establecimiento comercial colmado desde mucho tiempo atrás de insultantes riquezas...

*Crónica triunfadora en el 3er. Premio Estatal de Periodismo otorgado por el Foro Sonorense de Periodistas, A.C. Hermosillo, Sonora, México, 26 de abril de 1993.

VOCABULARIO

1. **Seducción**	fascinación, atracción	10. **Tertulia**	charla, conversación
2. **Chorreada**	tan mojada que escurre parte del líquido	11. **Tersura**	suavidad
		12. **Ambrosía**	placer, satisfacción
3. **Patética**	dramática, triste	13. **Peristálticos**	que pueden reducirse, encogerse
4. **Parroquianos**	clientes, consumidores		
5. **Caló**	lenguaje marginal, dialecto	14. **Acartonada**	tiesa, momificada
		15. **Místico**	piadoso, espiritual
6. **Parásitos**	insectos; organismos que viven a costa de otros	16. **Filantropía**	caridad, generosidad
		17. **Bélicas**	guerreras, agresivas
7. **Paradero**	destino, sitio	18. **Amorfas**	deformes, imperfectas
8. **Magistralmente**	estupendamente, extraordinariamente	19. **Anteojeras**	piezas que tapan los ojos por los lados para que solo se vea de frente
9. **Feria**	dinero sobrante, cambio		

EJERCICIO:

SPANGLISH
¿Eres trilingüe? Descubre en esta historia palabras en "spanglish".
Luego busca su significado en español estándar y por último ¡tradúcelas al inglés!

_____ _____ _____

_____ _____ _____

_____ _____ _____

_____ _____ _____

_____ _____ _____

_____ _____ _____

CUESTIONARIO

COMPRENSIÓN. Contesta las siguientes preguntas en oraciones completas:

1. ¿Cuál es el nombre y qué edad tiene el personaje principal de esta historia? ¿Cómo es descrito por el autor?

2. ¿Qué hacía el niño en la cafetería y cómo lograba su próposito?

3. Una vez conseguido lo que quería, ¿A dónde se dirigía el chico? ¿Qué cosas le llamaban la atención allí?

4. Debido a su situación económica, ¿Qué hacía el pequeño en ese lugar al no poder comprar nada de lo que soñaba?

5. ¿Qué hizo el chico al final de la historia con las pocas monedas que poseía? ¿Qué cruzaba por su mente al hacer esto?

ANÁLISIS. En parejas, respondan a las siguientes preguntas:

1. Desribe a la familia del niño. Según lo que contaba el chico ¿qué sucedía con su padre, su madre y sus hermanos?

2. ¿Crees que la gente creía en verdad lo que les contaba el pobre niño? ¿Por qué crees que accedían a darle limosna?

3. ¿Qué opinas de la historia del chico? ¿Crees que todo lo que decía era verdad o solo lo invetaba para obtener dinero? Explica tu opinión.

4. ¿Piensas que es justo lo que hizo Juan Alberto al final de la historia? ¿Haz visto casos similares a los de él? ¿Qué harías tú en su lugar?

5. ¿Cuál es el mensaje que nos deja el autor con esta crónica?

THE ROCK CONCERT: TRAVESÍA A LA OTRA DIMENSIÓN

> **EJERCICIO:**
>
> **PREDICCIÓN**
> Lee el título de este relato y haz tres predicciones sobre su contenido.
> Escribe tus predicciones y después de la lectura ¡confirma si acertaste o no!
>
> _____
>
> _____
>
> _____

El poderoso gemir de las guitarras eléctricas devoraba al Gimnasio del Estado. El sonido era recibido por cientos de jóvenes bajados de cerros, barrios y colonias urbanas, moviendo piernas, manos y bocas en un viaje melódico de sintetizador, inundados de frenesí y de urgente relajación.

Era una noche de sábado, era un concierto de rock pesado, metalero, un sonido contemporáneo importado desde el norte pero que gritaba en español, y a veces en inglés, y que en éxtasis guiaba a la multitud hacia un temporal olvido del mundo. Se había iniciado al caer la oscuridad dentro de la cúpula del edificio deportivo.

Primero apareció la agrupación "Interrogazión", con zeta, de la capital de Hermosillo con dos tres saltos de los integrantes iluminados de verde, rojo y azul junto a truenos electrónicos. La ruta musical la continuó el conjunto "Lynx", esto es, "los linces" de la

Manuel Murrieta Saldívar

ciudad fronteriza de Agua Prieta, un estruendo que dejó muy atrás a las suaves notas de sus antecesores de la misma localidad: "Los Apson", que hicieron furor en los años 60's. Los linces surgieron bañados con centellas multicolores en un fuego de tonadas acompañadas por columnas blancas de humo.

Todo surgía desde ahí, sobre el templete improvisado que no perdonaba a la duela de basquetbol. El viaje de gritos cantados fluía sin represión alguna, sin arrepentimientos. Porque esa música de rayos atrapaba sin remedio a todo tipo de sangre la cual, como nunca, circulaba en los jóvenes cuerpos en tanto que el espíritu gozaba la travesía hacia otra dimensión. Es que había pocos momentos como éstos, esta era la única noche de la oportunidad en vivo.

Guitarras veloces, poderosas baterías, sintetizadores de temblor y voces de entrega emitían ruidos, pero ruidos armónicos esparciéndose hacia los más insospechados rincones del oído. Esos estruendos se colaban también entre los ladrillos, las celosías y los barandales, huyendo hacia afuera, hacia el bulevar de enfrente para perderse por siempre en la nocturna locura de los alrededores. Pero dentro de la bóveda hechizada, junto al olor quemado de hierba y de bebida de ámbar, flotaba una juventud en sueños, un amor a esa música venida del extranjero, una simpatía delirante hacia las imitaciones logradas por los rockeros nacionales erigidos, ya, sumos sacerdotes de un rito que guiaba a sus fieles al relax y al arrobamiento.

Nacían las algarabías de un salto al aparecer con magia luminosa las esperadas torres humeantes. Los vocalistas se retorcían ebrios de resonancia, el requintero líder besaba su guitarra con el tacto, hábilmente, en una ternura violenta. La enorme multitud coreando "¡I love rock and roll... I love rock and roll!", era la solidaridad en aullidos. Y abajo, hacia la cancha de basquetbol, se dirigían desinhibidos y acelerados hombres o mujeres, cholo o pandillero, clasemediero o proletario, fresita o destapado. Y si no bajaban, subían los brazos clamando más y más, en esa confusión oscura del público anónimo.

Otros más, desorientada la mirada, se olvidaban de la escuela, de las jornadas de trabajo, las debacles del amor, dependencias de drogas y broncas de familia; les importaba un bledo las campañas pro defensa del idioma o las crisis de identidad. En tanto, lloraba, lloraba y lloraba la guitarra. ¡Cuánto abandono de la raza para dejar las gradas baratas de la periferia y acercarse al altar, estar frente a frente con sus ídolos de carne!...¡quitarse las camisas y aplaudir a raudales!... para integrarse al estruendo, dueño absoluto del gimnasio. O trepar por las estructuras de la canasta de básquet, unirse al coro, alzar la manta de simpatía con el nombre del grupo, erigirse en el fan que sigue la ronca voz de la bocina monstruosa. No poder contenerse, creer estar tranquilo pero tenso, escuchar muy serio pero moviendo las piernas empapadas de ecos graves, tan graves que hacen bailar a los átomos del cuerpo aunque no quieran.

Es, pues, el poder eléctrico penetrando sin permiso hasta en la autoridad, en los cuerpos del vigilante policíaco, de los vendedores de sodas y cerveza o de los mismos organizadores felices ya por las ganancias obtenidas con este gusto creado por la discografía anglosajona. Luego se encendían luces de bengala color rosa que iluminaban la penumbra con una danza rápida, y entonces se podía ver al joven herido en el brazo por quién sabe quién durante ese chorro de notas musicales efervescentes. "¡I love you, and give me more!"

Y había más, mucho más: cuando temblaron las paredes con el solemne ruido del bajo. Cuando la soledad no existía, ni fracasos, ni rechazos; no decepciones, no amarguras ni desamores. Cuando la marea humana descendía por el rock suave, tremendo, de, "¡Smoke on the water"!....hasta que se diluyó ese espacio etéreo y empezó el regreso del público desde aquella dimensión donde se creyó liberado…

Súbitamente entonces, se comenzaron a sentir de nuevo tan frías esas gradas de concreto, gracias a la disminución inevitable del poder musical de la última nota. Surgiría luego el silencio de la necesidad satisfecha, un silencio extraño que estaba invadiendo la cúpula: era el preámbulo para abandonar en definitiva el sagrado recinto de aquel "heavy metal" que había sido vital…

Y mientras se deja atrás el inmueble del Gimnasio, simultáneamente se retorna al mundo tridimensional que se llama realidad. Pero en muchos quedan residuos, vibraciones de aturdimiento, de ese viaje inmaterial grabado en el recuerdo como una noche de vida irreal que para algunos fue eterna…

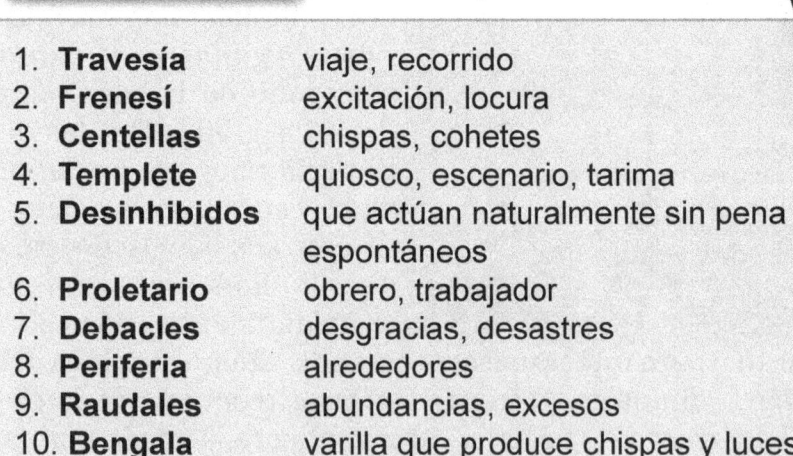

VOCABULARIO

1. **Travesía** — viaje, recorrido
2. **Frenesí** — excitación, locura
3. **Centellas** — chispas, cohetes
4. **Templete** — quiosco, escenario, tarima
5. **Desinhibidos** — que actúan naturalmente sin pena, espontáneos
6. **Proletario** — obrero, trabajador
7. **Debacles** — desgracias, desastres
8. **Periferia** — alrededores
9. **Raudales** — abundancias, excesos
10. **Bengala** — varilla que produce chispas y luces muy vivas
11. **Etéreo** — irreal, sublime, elevado
12. **Aturdimiento** — confusión, distracción

CUESTIONARIO

COMPRENSIÓN. Contesta las siguientes preguntas en oraciones completas:

1. ¿Dónde y cuándo tomó lugar el concierto de rock en esta historia?

2. Menciona los artistas que se presentaron esa noche y los instrumentos que traían.

3. ¿Qué frase coreaba la multitud? Indica los diferentes tipos de jóvenes que asistieron al evento.

4. Explica algunas de las cosas que los jóvenes hacían durante el concierto.

5. ¿Qué pasó cuando se acabó todo?

ANÁLISIS. En parejas, respondan a las siguientes preguntas:

1. Haz un breve resumen del relato con tus propias palabras indicando los puntos claves.

2. ¿Por qué razón crees que el concierto hacía que la gente se olvidara de sus problemas? Explica.

3. ¿Has ido a un concierto antes? Descríbelo (qué tipo, dónde, cuándo, con quién, etc.). ¿Lo disfrutaste? ¿Por qué? Si no has ido a uno, ¿A qué tipo de concierto te gustaría ir? Explica tus razones.

EN ROSAS Y EN MASTUERZOS SUEÑO

Los problemas que surgen en la "invasión" popular de un predio durante el invierno, impulsan a la joven María Antonieta a dormir solitaria dentro de un destartalado auto blanco. Hubo de abandonar su lecho improvisado dentro de una casucha de cartón, porque ni siquiera encontró periódicos que calentaran su piel adolescente. No obstante que es presa de la intemperie helada, cada vez que llegan los astros es costumbre que en el predio invadido deambule su sueño alegremente: un pequeño patio detrás de una casita de ladrillo naranja donde María Antonieta siembra flores de rosal y de mastuerzo—luego las recolecta durante la primavera y las coloca en el florero de la mesa del comedor cubierta con mantel de plástico...

Pero para hacer realidad estas imágenes oníricas, la joven lleva días unida a un grupo de "precaristas" compuesto de madres, padres, niños y otros adolescentes firmes en su postura de adquirir un lote, tanto, que no temen llegar a los extremos, como la misma muerte.

Ahora estamos en otro instante, en otro momento más real, tengo a María Antonieta frente a mí, en la plaza Zaragoza, contándome su historia que nadie va a publicar en los periódicos. Entonces, mientras escucho su relato, visualizo que las ventanillas del auto donde antes me dijo que dormía reflejan la noche, aparecen también los destellos de las fogatas que adornan y vigilan esa tierra invadida cuyos propietarios legales jamás se han dignado a pisarla. Vaya, ni siquiera para hacer una fiesta ya que poseen otros lotes mejores donde hacerlo.

Cuando María Antonieta se encontraba aún inmersa en su quimera surrealista—me sigue narrando— allá arropada entre las láminas de la carrocería, su sueño no le dio la señal de que iban tras ella, que era el objetivo de un plan preparado en las oficinas del gobierno alfombradas de poder. Las fuerzas policiacas planeaban el desalojo de ella y de los otros quienes, mientras se ilusionaban, vigilaban o cantaban, confiaban todavía en la esperanza de obtener un hogar propio. Nadie sin embargo sospechó la táctica violenta que les iban a aplicar y que ya estaba implantada en el croquis. Continuaron así seguros, aislados, protegidos por la noche olvidándose del mundo casi en la madrugada.

Pero al bostezar el sol fue cuando aparecieron de repente: eran las estampas de unos seres como preparados para una guerra, un ejército en busca de un enemigo poderoso, de rostros duros, protegidos con raros artefactos de metal y puños aferrando largos palos de madera. No había duda, estaban dispuestos a quebrantar las pieles de aquellas familias "invasoras", como la de María Antonieta, y encontrar el fluido rojo lo más rápido posible.

Manuel Murrieta Saldívar

Y eran muy efectivos: los precaristas, los sin casa, en lugar de recibir prontos beneficios sociales, les ofrecieron atentados personales al instante. En efecto, contrario a lo que ocurre cuando las abundantes aguas de las presas están por verter y se colocan barreras de contención para evitar inundaciones, la violencia se derramó inminentemente y sin control sobre los "invasores" del terreno...fue inevitable, los gritos de miedo se comenzaron a unir al dolor que levantaba el polvo durante las corretizas.

Cómo hubiera querido María Antonieta estar despierta para poder guarecerse a tiempo. Pero estaba marcada, así me lo contó: el destino la conduciría a presenciar los detalles del desalojo con un temor ahogado de impotencia. Los enviados de la violencia destruyeron los improvisados cercos y aplicaron su plan de ataque sin tanta confusión: invasores defendían su alma y los de la fuerza pública la perseguían como demonios. En desigual jornada, por ejemplo, los infantes somnolientos se aferraban a las faldas de madres desconocidas quienes se defendían cuerpo a cuerpo con decisión de mujeres amantes de la tierra, aunque aún no la tengan.

Pero María Antonieta no sabía de sí... pronto comenzaría a saberlo: a las 4:30 de la mañana, sintió los primeros ataques. El auto blanco donde pernoctaba era abollado mientras los líderes y organizadores de la invasión eran buscados por los poderosos cuya fuerza crecía en la oscuridad. Alcanzó a reflexionar que el día ciega a los ejércitos con su luminosidad y por ello acuden al auxilio de la penumbra. "¡Al líder, al líder!"... fue lo que escuchaba acurrucada en el asiento trasero a veces procurando la rendija de salida. Incluso alcanzó a observar cómo en la lejanía el dirigente se liberaba de sus perseguidores en rápido retiro.

Pero los golpes no cesaron sobre el auto. María Antonieta levantó la cabeza y fue cuando descubrió la ira verdadera en los ojos de un atacante que jamás sabrá su nombre. Como zombi, escuchó el mandato: "¡abajo, salga!"...Retumbó su miedo sobre la lámina, despertó totalmente mientras el gendarme la extraía a la realidad de sus golpes. Pero ella resistía, forcejeaba milagrosamente como un pájaro que se escabulle en el aire: en un descuido de la autoridad, miró nítida la libertad confundiéndose entre la tiniebla y corriendo hacia la nada destino a su resguardo.

La persecución era terca, la querían como si fuera lo único en la Tierra, todo justificado por una orden, estrenarla a golpes, y ella sin saber de dónde, por qué, cuál es el ancestral pecado que ameritó tal castigo. Prosiguió entonces su estampida a ciegas, entre matorrales y quelites, hasta encontrar un fugaz refugio dentro de un recipiente cilíndrico y ante la atónita miopía

de los perseguidores. Desde ahí el asombro fue más tenso: a través de un orificio logra observar las escenas que surgen intermitentes, dolorosas, entre el amanecer y las plantas silvestres: la señora experta en preparar las gigantescas tortillas de harina es atacada a pesar de sus cinco meses de embarazo; el niño del jacal contiguo es correteado hasta el fin, detenido y luego subido a uno de los poderosos pic-aps. María Antonieta hasta logra escuchar órdenes sin sentido: "¡váyanse a sus casas!", y las contra-respuestas de sus compañeros, "¡pos cuál, si ésta es mi casa!". Luego su latido se acelera cuando descubre las pequeñas válvulas que lanzan gases lacrimógenos, ese que adormece, que debilita a los que respiran cerca…y que dócilmente son atrapados.

La joven sale entonces del escondite después del ajetreo, se une al resto de los que resultaron ilesos y escaparon para luego enfilar al páramo de salvación: la pequeña iglesia del barrio contiguo. Durante el reencuentro, las pláticas y comentarios de lo sucedido, notan pronto la ausencia de los otros, decenas de los suyos desaparecidos, hasta que se diluyen los últimos resquicios de miedo y deciden qué hacer alrededor de las siete de la mañana.

No hay desayunos, ni el dormir reparador, sino que parten en manifestación desde su despreciada zona marginada, atraviesan las principales calles citadinas mostrando una decisión irrevocable. Luego se apostan frente al palacio de gobierno, sí, aquí en la plaza Zaragoza donde estamos, para preguntar sobre los detenidos, insistir en la petición de vivienda, porque ellos también quieren habitar como los demás — ¿es mucho querer una casita—?, no tanto como lo hacen unos cuantos.

Y aún están ahí, los vuelvo a ver, siempre van a estar ahí, aguardando, todos los días,… mañana, tarde y noche el jardín de la plaza siempre evoca la visión de plantas de mastuerzos y de rosas cosechadas en el patio de una casa de ladrillos naranja…son las imágenes de María Antonieta quien, con dejo de tristeza y esperanza, pacientemente espera no cultivar esas flores en un sueño…

VOCABULARIO

1. **Mastuerzos**	un tipo de flor de jardín; hierba perenne, rastrera y trepadora	10. **Abollado**	aplastado, hundido
		11. **Sopor**	adormecimiento
		12. **Ira**	rabia, enojo
2. **Predio**	tierra, finca	13. **Nítida**	clara, pura
3. **Destartalado**	descompuesto, inservible estropeado	14. **Ameritó**	mereció
		15. **Estampida**	huida
4. **Idílicas**	agradables, hermosas	16. **Miopía**	defecto de la visión
5. **Lotes**	porciones de tierrra	17. **Plebe**	muchacho, hombre
6. **Croquis**	plano, diseño	18. **Jacal**	casa, choza
7. **Guarecerse**	refugiarse, esconderse	19. **Válvulas**	llaves, escapes
8. **Críos**	criaturas, bebés	20. **Ilesos**	intactos, sanos
9. **Somnolientos**	que tienen sueño		

EJERCICIO:

SUSTANTIVOS GÉNERO

¿Recuerdas qué es un sustantivo? Por favor, identifica en la lectura seis sustantivos y coloca enseguida de cada uno de ellos una M si es masculino o una F si es femenino.

_____ _____

_____ _____

_____ _____

CUESTIONARIO

COMPRENSIÓN. Contesta las siguientes preguntas en oraciones completas:

1. ¿Quién es el personaje principal de este relato y qué está haciendo al comienzo de la historia?

2. ¿Cuál era el gran problema que angustiaba a la chica y a sus vecinos?

3. ¿Qué ocurrió a las 4:30 de la mañana? ¿Cómo logra escapar la chica?

4. ¿Qué observa la chica desde su escondite? ¿A dónde se va a refugiar la chica junto con los ilesos?

5. ¿Qué es lo que tienen que hacer alrededor de las siete de la mañana?

ANÁLISIS. En parejas, respondan a las siguientes preguntas:

1. ¿Cuál es el tema de esta crónica?

2. ¿Crees que al final se solucionará el problema de esta gente?

3. ¿Cuál era el sueño de María Antonieta? ¿Por qué dice el autor al final que "... pacientemente espera no cultivar esas flores en un sueño"?

4. ¿Qué trata de decirnos el autor con este relato? ¿Es justo lo que pasó en ese lugar?

RECORRIDO DE UN AGUACERO INESPERADO

Con violencia al parecer inofensiva, las gotas del cielo casi perforaron a las calles "como si fuera un viaje al otro mundo". El bautizo se inició con un aire ingenuo y húmedo que envolvía a los cuerpos mientras los conductores sonreían al tiempo de cerrar las ventanillas. Eran las 4:30 de la tarde cuando la atmósfera se uniformó de un gris inolvidable y abajo comenzaba la charla, las palabras, las voces de la lluvia. La gran nube condensada no halló entonces cómo contenerse y derramó sus besos fuertes hacia el desierto urbano, batiendo récord en la historia de la década.

El asfalto no resistió, cesó la evaporación, surgiendo entonces multitudes de ríos espontáneos. Esta precipitación fue música de trueno, irresistible, y así como caía, los que gustan del baño al aire libre invadieron las banquetas aunque en las tierras marginadas surgió un temor confundido no obstante por el gusto. Es que no era cualquier lluvia: la felicidad traída se unía allá en el poniente con la velocidad del lodazal, con el torbellino que derrumbaba casuchas, arrastraba latas, envolturas y otros insultos a la ecología. Y, claro, extraía también la sangre de los niños descalzos. Igualmente, se llevó a la luz, un poco al servicio telefónico y, paradójicamente, a la entrega del agua de los tubos. Pero "¡qué bonito!", exclamaba Martha desde el norte de la ciudad sofocada aún del espectáculo que lavó rutinas, recuerdos y pendientes. Sí, a pesar de las inundaciones en los supermercados importantes.

Esta es la urgente y breve crónica de la lluvia. De lo que sucedió un 6 de agosto en las avenidas céntricas de la reseca ciudad del sol. Lluvia tan atractiva que algunos confesaron que parecía de otro mundo. Por eso la pizarra informativa del "Flash" repetía, a las cinco y cuarto de la tarde, repetía... "¡Qué aguacero... !" qué aguacero, señores, repetía.

Por ejemplo, los observadores comprobaron que el Volkswagen flota como lancha y que el líquido no se escurre a su interior: en medio del océano temporal creado frente a la universidad, el sacerdote Luis López, de la capilla del Carmen, se mecía dentro de su mini auto anfibio; así navegó hasta que sus peticiones divinales se materializaron cuando dos jóvenes remaron su vehículo hasta el "puerto" más cercano, es decir, la esquina suroeste del edificio del Museo.

Manuel Murrieta Saldívar

¡Cuántos carros encallados, cuántos alambres mojados, cuántos autobuses suspendidos en la ruta, cuánto impacto del público en este concierto acuático en la ciudad de los cuarenta y cinco grados!... Se olvidaron prejuicios, divergencias, diferencias sociales, el enfrentamiento con las sequías de la tarde para que la mente registrara la realidad de la lluvia que parecía de otro mundo.

Era grandiosa también la Plaza Emiliana Zubeldía brillando con las hojas de los árboles y con esa repentina laguna que se elevó hasta el respaldo de las bancas. En tanto, alrededor, apenas sobrevivían las carretas de hot dogs abandonadas, atadas, atracadas con cadenas al poste o al cerco para que no arrumbaran mientras el vendedor se protegía en casa. Irrespetuoso, apareció entonces un espontáneo arroyo que humedeció el mural surrealista de la escuela de Altos Estudios, después se tornaba en minúsculas cascadas e inundaba, como nunca antes en la historia, el jardín central y los salones de clases. Y todo era enmarcado por una estratósfera tórrida de viento que bailaba y traía a los oídos rayos paralizadores, truenos filosóficos, relámpagos que inquietan la memoria…el trastrocamiento del tiempo otra vez "como si fuera cosa de otro mundo".

En el resto de la mojada urbanidad, las pequeñas y grandes corrientes erosionaban la avenida "Rosales", en la calle "Serdán" penetraron inesperadas hacia los comercios y oficinas de correos desguarecidos de planes anti lluvias. Como en las pesadillas, el antes ansiado líquido curiosamente había que rechazarlo ahora con botes y cubetas, escobas y trapeadores para que no dañaran a las ventas, a las cartas y envíos de mañana.

Después de la descarga de la nube, el mosaico de las plazas principales por fin se miraba encerado, libre del excremento de los pájaros, del polvo, de las huellas de la gente. Increíble, los burócratas de los palacios de gobierno y los empleados vespertinos de los bancos simulaban laborar como queriendo ignorar que afuera sucedían grandes cosas.

Hasta que se dejó sentir la necesidad de una pausa, de un receso de la naturaleza y el agua descendió como el susto, desapareció con la sorpresa, se diluyó junto a la alegría. Y reiniciada la rutina en medio de las seis de la tarde, los transeúntes todos levemente querían continuar con la sonrisa porque también los empapaba un temor, el miedo de no saber del destino de la lluvia: qué había sucedido en las inundaciones, en sus casas, en sus habitaciones débiles imposibles de disfrutar de la fiesta de la nube, de esa que cae inesperada como si fuera un viaje al otro mundo…

VOCABULARIO

1. **Aguacero** — lluvia fuerte y prolongada, chubasco
2. **Poniente** — oeste
3. **Lodazal** — lugar lleno de lodo
4. **Torbellino** — ciclón, corriente, remolino
5. **Paradójicamente** — contradictoriamente, sorprendentemente
6. **Anfibio** — que puede desplazarse por tierra y por agua
7. **Encallados** — atascados, atorados
8. **Divergencias** — desigualdades, diferencias
9. **Tórrida** — caliente, sofocante
10. **Relámpagos** — rayos
11. **Transeúntes** — caminantes

EJERCICIO:

CONTRACCIÓN DE + EL; A + EL

Confirma primero el significado de la contracción. Ahora localiza en este relato al menos tres oraciones que presenten el fenómeno de la contracción y explica de cuál artículo definido proviene.

_____
_____
_____
_____
_____
_____
_____
_____
_____
_____

CUESTIONARIO

COMPRENSIÓN. Contesta las siguientes preguntas en oraciones completas:

1. ¿Qué día y en que ciudad cayó este "aguacero inesperado"?

2. Menciona las cosas buenas y las malas que trajo consigo la lluvia?

3. ¿Qué pasaba con el sacerdote Luis López?

4. ¿Qué sucedió en la plaza Zubeldía?

5. ¿Qué ocurrió después de la tormenta?

ANÁLISIS. En parejas, contesten estas preguntas:

1. ¿Te gustó o no esta crónica de la lluvia? Explica tus razones.

2. ¿Por qué crees que al principio de la historia el autor llama a la lluvia "El bautizo"?

3. ¿Qué quiere decir sobre la lluvia el autor con la frase "como si fuera un viaje al otro mundo"?

4. ¿Te ha tocado experimentar un aguacero como el de la historia? Describe cómo fue. Si no, explica por qué la lluvia de la historia "no era cualquier lluvia".

FIN

Sobre el autor

Manuel Murrieta-Saldívar (Ciudad Obregón, Sonora, México), doctor y maestría en letras hispanoamericanas por Arizona State University-Tempe y licenciado en letras hispanas por la Universidad de Sonora. Ha sido periodista, escritor, editor he impartido talleres de periodismo y creación literaria en Sonora, Arizona, California y Ecuador. Premio estatal de periodismo en Sonora por "crónica en prensa" y ganador en tres ocasiones del Concurso del Libro Sonorense. Su obra periodística, académica, crónicas y relatos de viaje incluyen México, Estados Unidos, Puerto Rico, Europa y Sudamérica en obras como *Mi letra no es en inglés*; *De viaje en Mexamérica*; *Gringos a la vista*; *Háblame a tu regreso*; *La grandeza del azar: eurocrónicas desde París*; *La gravedad de la distancia. Historias de otra Norteamérica*. Fue nombrado "Educador del año 2014" por la Association of Mexican American Educators-North Central Valley Chapter. Actualmente reside en el área de Modesto, norte de California, donde se desempeña como Associate Professor de literatura y cultura chicana, mexicana y latinoamericana y de español para nativo-hablantes en California State University, campus Stanislaus. Representa a Escritores de Sonora, A.C. en Estados Unidos, es fundador y director general de *Editorial Orbis Press* (www.orbispress.com) y de la publicación electrónica *Culturadoor.com*

DE VIAJE EN MEXAMÉRICA
Student Edition // Edición Escolar

Se terminó de imprimir en agosto de 2014 en la planta de producción
de *Izote Press*. El cuidado de la edición
estuvo a cargo de los editores y del autor.

Write to exist
Latino literature alive

Para adquirir esta obra con fines académicos, para libro de texto, compra individual o distribución
en instituciones educativas y librerías, por favor contacte a la editorial o al autor:
Izote Press
990 W. Garvey Avenue #4
Monterey Park, California 91754
WWW.IZOTEPRESS.COM
Tel. 626-586-0049
mescobar@izotepress.com

Para contactar al autor Manuel Murrieta Saldívar:
Cel. 602-625-3311
Email: manuelmurrieta@orbispress.com
Facebook: Manuel.Murrieta.Saldivar
Twitter: @ManuelMurrieta
Blog: http://manuelmurrietasaldivar.blogspot.com/